Stanislawski-Lesebuch

sigma medienwissenschaft

Band 7

Stanislawski-Lesebuch

Zusammengestellt und kommentiert von Peter Simhandl

edition
sigma

Das Zitat von Peter Stein auf der Umschlagrückseite stammt aus "Die Deutsche Bühne", Heft 4/1989. Der Verlag bedankt sich für die freundliche Abdruckgenehmigung durch die Redaktion.

CIP-Titelaufnahme der Deutschen Bibliothek

Stanislavskij, Konstantin S.:
Stanislawski-Lesebuch / zsgest. u. kommentiert von Peter Simhandl. - Berlin : Ed. Sigma Bohn, 1990
(Sigma-Medienwissenschaft; Bd. 7)
ISBN 3-89404-901 -4
NE: Simhandl, Peter [Hrsg.]; Stanislavskij, Konstantin S.:
[Sammlung]; HST; GT
Vw: Alekseev, Konstantin S. [Wirkl. Name] → Stanislavskij,
Konstantin S.

2., durchgesehene Auflage 1992

Umschlagentwurf: Peter Manz

Druck: WZB   Printed in Germany

Inhalt

Vorwort

Es gibt wohl keinen Schauspieler, der die Bücher zu Ende gelesen hat, in denen die methodischen Gedanken und Vorschläge des genialen russischen Schauspielers, Regisseurs und Theaterreformers Konstantin Sergejewitsch Stanislawski dargelegt sind. Sowohl die von ihm selbst herausgegebenen als auch die aus dem Nachlaß zusammengestellten Bände sind ein überaus mühsamer Lesestoff. Die unübersichtliche Struktur und die endlosen Wiederholungen, die verwirrende Form des fiktiven Tagebuchs eines Schauspielschülers und die heute oft allzu naiv erscheinenden Vergleiche und Bilder rufen auch bei größtem Interesse und intensiver Motivation sehr schnell Langeweile und Verärgerung hervor. So sind - vor allem in den USA - immer wieder Versuche unternommen worden, Stanislawskis "System" in einer leichter rezipierbaren Form zugänglich zu machen. In deutscher Sprache haben 1947 Dozenten des Theaterinstituts Weimar und 1976 Felix Rellstab, Leiter der Schauspiel-Akademie Zürich, solche Publikationen vorgelegt. In diesen Schriften verwischen sich oft die Grenzen zwischen der Darstellung und der Interpretation. Das vorliegende "Stanislawski-Lesebuch" will diese Schwierigkeit umgehen, indem es die Grundzüge des "Systems" ausschließlich mit den Worten ihres Schöpfers darlegt. Der Herausgeber beschränkt sich im übrigen darauf, den theaterkonzeptionellen Rahmen und das künstlerisch-praktische Werk Stanislawskis zu beschreiben, vor deren Hintergrund das "System" gesehen werden muß. Auch die beiden bisher produktivsten Auseinandersetzungen mit dem Werk, die von Lee Strasberg und Bertolt Brecht, werden durch wörtliche Zitate aus deren schauspielmethodischen Schriften dokumentiert.

Die schriftliche Aufzeichnung seiner Erfahrungen und Ideen fiel Stanislawski außerordentlich schwer. "Ich verstehe es nicht, mein umfangreiches Material anzuordnen und ersticke noch darin." Mit diesem Stoßseufzer begleitete er den groß angelegten Plan für eine achtbändige Ausgabe seiner Schriften, den er acht Jahre vor seinem Tod seiner literarischen Beraterin L. J. Gurewitsch vorlegte. Den ersten Band sollte die Autobiographie "Mein Leben in der Kunst" bilden, die während des Amerika-Aufenthaltes im Jahre 1923 entstanden ist. Sie erschien zuerst in englischer, dann in russischer und 1953 schließlich auch in deutscher

Sprache; eine Neuausgabe liegt seit 1987 vor. Auch der erste Teil des zweiten Bandes "Die Arbeit des Schauspielers an sich selbst" , der dem "schöpferischen Prozeß des Erlebens" gewidmet ist, wurde 1936 zuerst in Englisch unter dem Titel "An Actor prepares" veröffentlicht. Unter dem reißerischen Titel "Das Geheimnis des schauspielerischen Erfolgs" kam 1938 in der Schweiz eine recht mangelhaft übersetzte deutsche Ausgabe heraus. Eine verläßliche deutsche Fassung des ersten und auch des zweiten Teilbandes "Die Arbeit an sich selbst im schöpferischen Prozeß des Verkörperns" erschien zu Beginn der 60er Jahre in der DDR (Neuausgabe 1988). Nach Stanislawskis Plan sollte der dritte Band der Werkausgabe die "Arbeit des Schauspielers an der Rolle" behandeln. Das Buch ist aber nie geschrieben worden. Allerdings wurden die im Laufe der letzten Schaffensperiode entstandenen Materialien zu diesem Themenkomplex aus dem Nachlaß veröffentlicht (deutsche Erstausgabe 1955, Neuausgabe 1981). Diesem Band sind die Aufzeichnungen des Stanislawski-Schülers W. Toporkow sowie ein Bericht des Theaterwissenschaftlers Dieter Hoffmeier über das literarische Spätwerk des Regisseurs beigefügt. Der große zeitliche Abstand zwischen dem Erscheinen der einzelnen Bände führte im englischen und im deutschen Sprachraum zu Mißverständnissen. Das "System" wurde dort lange einseitig unter dem Gesichtspunkt der Psychotechnik rezipiert; die "Theorie der physischen Handlungen" blieb außer Betracht. Auch den geplanten vierten Band zum Thema der schauspielerischen "Ethik" hat Stanislawski nicht fertiggestellt. Einige Bruchstücke sind im Anhang zu dem Band über das "Verkörpern" publiziert worden. In den beiden erst 1988 in deutscher Sprache vorgelegten Bänden "Moskauer Künstlertheater" finden sich eine Reihe von sehr klar formulierten und präzise übersetzten Texten zu den verschiedensten Themen.

Das Werk von Stanislawski steht ganz in der Tradition des bürgerlichen Theaters. Seit diese Klasse um die Mitte des 18. Jahrhunderts das Medium in den Dienst seiner Emanzipation von der feudal-absolutistischen Herrschaft stellte, war das Schauspielen zum Problem geworden. Im Sinne der Lebenswahrheit, die man als neue Tugend gegen die hohle Geziertheit der Aristokratie setzte, mußten auch im Theater die Deklamation und der am höfischen Zeremoniell orientierte Bewegungsstil einer natürlichen Spielweise weichen. Nur eine wirklich lebensechte Darstellung konnte garantieren, daß dem Zuschauer die idealisierten Ansichten aus der bürgerlichen Welt in der Illusion als durchsetzbare Realität erschienen. Die Forderung nach glaubwürdigem Handeln im Einklang mit den individual-

8

psychologisch entfalteten Rollen des neuen bürgerlichen Theaters stellte den Schauspieler vor bis dahin nicht gekannte Probleme. Es entwickelte sich eine intensive schauspielmethodische Diskussion, an der sich die größten Geister der Zeit beteiligten. Im wesentlichen standen sich zwei Konzeptionen gegenüber: die von dem Dramatiker und Journalisten Remond de Saint Albin zuerst formulierte und von Lessing unmittelbar darauf in den deutschen Sprachraum vermittelte "Selbsttäuschungstheorie" und die von Denis Diderot in seinem "Paradox über den Schauspieler" dargelegte "Bewußtseinstheorie". Heftig wurde darüber gestritten, ob sich der Schauspieler über seine reale Existenz hinwegtäuschen oder sie während des Spielens ständig im Bewußtsein halten soll. Diese Fragestellung ist bis in unser Jahrhundert aktuell geblieben und bestimmte im Prinzip noch die Stanislawski-Brecht-Debatte der 5Oer Jahre. Letztlich aber ist das ein "Streit um des Kaisers Bart". Selbstverständlich glaubt kein Schauspieler wirklich an seine Identität mit der Figur und gleichzeitig glaubt er jeden Augenblick doch daran. Sein Verhalten beruht eben auf einer Art Oszillieren zwischen Realitätsbewußtsein und Fiktionsbewußtsein. Der Akteur befindet sich in einem tiefgreifenden Widerspruch zwischen Sich-Verlieren und Bei-sich-Sein, von Befangenheit und Beobachtung. Die Doppelschichtigkeit des Denkens und Fühlens, deren Struktur auch im Verhalten der Zuschauer wiederkehrt, macht gerade die Faszination des Theaters aus.

Die Frage, wie diese widersprüchliche Einheit in jeder Aufführung neu zu erreichen ist, hat Stanislawski - konsequent wie kein anderer - immer wieder gestellt und in immer neuen Anläufen zu beantworten gesucht. So hat sein "System", obwohl ganz im Naturalismus der Jahrhundertwende verwurzelt, Bedeutung für die verschiedensten Erscheinungsformen des Gegenwartstheaters. So unterschiedliche Regisseure wie Jerzy Grotowski und Peter Brook, Peter Stein und Antoine Vitez, Anatoli Wassiljew und Peter Sellars haben seine Wichtigkeit für ihre eigene Arbeit betont. Bertolt Brecht, lange Zeit in scharfer Opposition zu Stanislawski, hat in einem Gespräch mit Giorgio Strehler seine Meinung so zusammengefaßt: "Man muß bei Stanislawski anfangen. Im Nebel des Theaters brauchen wir Scheinwerfer, Stanislawski ist einer von ihnen, ein bleibendes Strahlen."

1. Der Naturalismus als Fundament des "Systems"

"Alles, worüber ich in meinem Buch schreibe, bezieht sich ... nicht auf eine bestimmte Epoche und die darin lebenden Menschen, sondern trifft auf die schauspielerisch begabten Menschen aller Nationen und Epochen zu." (Erleben, S. 11) - Diese von Stanislawski immer wieder behauptete Auffassung von der Allgemeingültigkeit seines schauspielpädagogischen "Systems" bedarf der Relativierung. Aus der historischen Distanz läßt sich erkennen, daß die Theaterkonzeption, ebenso wie die Schauspielmethode Stanislawskis, nicht auf ein überhistorisches Wesen von Theater bezogen ist, sondern auf eine ganz bestimmte, zeitgebundene Erscheinungsform. Das "System" ist erwachsen aus dem Naturalismus des ausgehenden 19. Jahrhunderts und bleibt ihm mit seiner Betonung des "Organischen" und "Natürlichen" als obersten Prinzipien in allen seinen Entwicklungsstufen verpflichtet. Gleichzeitig geht es aber auch einen Schritt darüber hinaus. Durch die Konzentration der theatralen Abbildung auf das seelisch-geistige Leben überwindet Stanislawski die für das naturalistische Theater charakteristische Verabsolutierung des Milieus. Der von ihm selbst vorgeschlagene Terminus "geistig-seelischer Naturalismus" trifft sehr genau das Wesen des "Systems". Mit dieser Orientierung erweist sich Stanislawskis Methode als hervorragendes Instrumentarium zum Erlernen der psychologisch-realistischen Spielweise, wie sie auch heute noch im Theater sowie im Film und Fernsehspiel vorherrscht. Darüber hinaus legt die Arbeit nach dem "System" auch das Fundament für nicht-naturalistische Darstellungsformen, wie etwa die von Bertolt Brecht oder Jerzy Grotowski entwickelten. Für das Verständnis von Stanislawskis Schauspielmethodik ist die Kenntnis der naturalistischen Theaterkonzeption eine wichtige Voraussetzung.

Die Bezeichnung "Naturalismus" wird für verschiedene theatrale Erscheinungsformen des ausgehenden 19. Jahrhunderts gebraucht, deren Übereinstimmung sich so umreißen läßt: Alle Einzelkünste des Theaters (Drama, Bühnenbild, Schauspielkunst) orientieren sich am Prinzip der absoluten Naturtreue. Das Bühnengeschehen soll wie ein Ereignis der Wirklichkeit gestaltet sein. Die Figuren handeln und sprechen wie im Alltag; Bühnenbild und Kostüm sind bis ins Detail der Realität nachgestaltet; der Schauspieler soll - soweit möglich - die Aktionen mit eigenem Erleben füllen. Die Bühnengestalten bleiben ganz unter sich, bewegen sich allein nach den Erfordernissen ihres Raumes, dessen "vierte Wand" für die Zuschauer transparent gemacht wird. Diese sehen die Vorgänge auf der Bühne wie durch die Scheibe eines Aquariums. In der Art von Laienrichtern sollen sie sich über die so objektiv wie möglich dargestellten "Fälle" ein Urteil bilden. Das Bühnengeschehen selbst wertet nicht, sondern beschränkt sich auf die "objektive", detailgenaue Abbildung. Es versteht sich als eine fotografische Momentaufnahme von Ausschnitten der Wirklichkeit "wie sie ist". Die herrschenden politisch-sozialen Zustände werden nur aufgezeigt; die Möglichkeiten ihrer Veränderung bleiben außerhalb des Blickfeldes. Der Zuschauer muß aus eigenem Antrieb die Nachahmungen der Bühne hinterfragen; tut er das nicht, so bleibt ihm nur das Mitgefühl mit den dargestellten Personen.

Alle Naturalisten stimmen darin überein, daß sie an die dramatische Literatur und an das Theater die unbedingte Forderung nach "Wahrheit" stellen und sich deren Erfüllung von der möglichst weitgehenden Übereinstimmung zwischen der künstlerischen Nachahmung und der nachgeahmten Realität erwarten. Für Emile Zola, den eigentlichen Begründer der Bewegung, ist die Kunst "ein Stück Natur, gesehen durch ein Temperament". Arno Holz, sein deutscher Nachfolger, formuliert noch strenger: "Die Kunst hat die Tendenz, wieder die Natur zu sein. Sie wird sie nach Maßgabe ihrer jeweiligen Reproduktionsbedingungen und deren Handhabung"; oder: "Kunst = Natur − x". Ziel der künstlerischen Arbeit ist es also, die Erscheinungen der Wirklichkeit möglichst deckungsgleich wiederzugeben und den Faktor x, die künstlerische Subjektivität und die Unvollkommenheit der künstlerischen Mittel, möglichst klein zu halten. Aus dieser Forderung resultiert bei den Naturalisten ein Mißtrauen gegenüber Intuition und Phantasie; man greift lieber auf vorhandene Dokumente zurück und verschafft sich Kenntnisse und Eindrücke durch direkte Beobachtung der nachzuahmenden Realität.

In den Programmschriften des Naturalismus begegnet immer wieder die Forderung nach Orientierung an der zeitgenössischen Wirklichkeit und nach wissenschaftlicher Objektivität. Die Abwendung von der Vergangenheit als Stoff des Dramas und von den Klassikern als Gegenstand der theatralen Darstellung ist Ausdruck der scharfen Opposition gegen den Historismus. Die Naturalisten stören die illusionäre Flucht in die Vergangenheit, indem sie die - oft verdrängten - Probleme des zeitgenössischen Bürgertums und teilweise auch das Elend des Proletariates so

unmittelbar wie möglich darstellen. Das Bühnengeschehen soll so wahrhaftig gestaltet sein, daß der Zuschauer nicht umhin kann, die nach-
geahmte Wirklichkeit als seine eigene zu erkennen. Aufgerüttelt durch die
Konfrontation mit den Problemen seiner Umwelt soll er das Theater verlassen.

In ihrem Streben nach "Wahrheit" orientieren sich die naturalistischen
Schriftsteller an den modernen Wissenschaften, vor allem an der Methode
des Positivismus sowie an der Milieutheorie und der Abstammungslehre.
August Comte, der Begründer des Positivismus, verwirft jeden metaphy-
sischen oder spekulativen Zugriff, um statt dessen Beobachtung und
Experiment als die einzigen Instrumente zur Feststellung von Zusammenhängen und Gesetzmäßigkeiten gelten zu lassen. Jede Erkenntnis muß
durch Erfahrung kontrollierbar sein und kann demnach von nichts
anderem ausgehen als vom tatsächlich Gegebenen, vom zweifelsfrei
Überprüfbaren. Für die positivistische Philosophie sind alle Vorgänge
unveränderlichen Gesetzen unterworfen. Hippolyte Taine, ein Schüler von
Comte, stellte die Theorie auf, daß die Dichtung wie jedes andere Ergebnis des menschlichen Denkens das Produkt der drei Faktoren "Rasse",
"Milieu" und "Zeit" sei. Jeder Mensch ist - nach Taine - von diesen drei
Grundkräften determiniert, die ihn (vor jeder individuellen Besonderheit)
an seine Abstammung und das historische Umfeld binden. Nach der Lehre
von Charles Darwin verfährt die Natur streng und unerbittlich: Das "Über-
leben des Tüchtigsten" in dem durch Überproduktion von Nachkommen-
schaft verursachten "Kampf ums Dasein" sorgt durch ständig verbesserte
Anpassung an neue Lebensbedingungen für den Wandel des Artbildes; im
Prozeß der Selektion gehen diejenigen zugrunde, die unzulängliche
Fähigkeiten und Eigenschaften haben; die Rasse wird durch die besten
Exemplare erhalten, die durch Auswahl geeigneter Fortpflanzungspartner,
also durch Zuchtwahl, ihre "guten" Eigenschaften auf die Nachkommen
vererben. Von dieser Anschauung her findet das deterministische Men-
schenbild des Naturalismus seine biologische Bestätigung.

Die Ansätze der modernen Natur- und Gesellschaftswissenschaften präg-
ten in hohem Maße auch die Dramentheorie und die Theaterkonzeption
des Naturalismus. Den entscheidenden Anstoß zu dieser Entwicklung gab
Emile Zola (1840-1902) mit seiner Programmschrift "Der Naturalismus
auf dem Theater"; seine praktische Beziehung zur Bühne war in erster
Linie von kommerziellen Interessen bestimmt. Mit erfolgreichen Dramen

konnte man zu seiner Zeit viel Geld verdienen, und so waren seine Stücke reine Lohnarbeiten, die übrigens in ihrer Mehrzahl schlecht angekommen sind. Erfolg hatten dagegen die meist nicht einmal von ihm selbst hergestellten Dramatisierungen seiner Romane. - Zola entwirft in seinem Aufsatz das Bild eines Theaters von morgen, das die "wirklichen Zustände" des zeitgenössischen Lebens genauestens beobachtet und in getreuen Nachahmungen auf die Bühne bringt. Das bezieht sich nicht nur auf äußere Vorgänge, sondern auch auf psychische Prozesse. Im naturalistischen Theater darf es keine Verstiegenheit ins Phantastische, ins Metaphysische, ins Abstrakte geben. Auch alles Rhetorische, Übertriebene und Idealisierte muß vermieden werden. Das nur Erdachte soll vom Theater ebenso verbannt werden wie die Darstellung des Historischen. Nur die Abbildung des alltäglichen Lebens kann den Weg aus der Sackgasse bahnen, in die das Theater geraten ist. Nach Zolas Ansicht muß der Dramatiker die Rolle eines Untersuchungsrichters einnehmen, der die Menschen und ihre Leidenschaften in seine Schranken fordert und sie, ausgehend von den beobachteten Tatsachen, in ihren Aktionen verfolgt. Der auf diese Weise gleichsam experimentierende Autor und mit ihm die Theatermacher stellen möglichst unvoreingenommen dar, wie die Personen unter verschiedenen Voraussetzungen handeln. Dabei ist das Milieu der entscheidende Faktor. Die Umgebung des Menschen muß bis ins letzte Detail getreu nachgeahmt werden, damit die soziale Konstellation deutlich wird. So ist es möglich, auf der Bühne in einfachen Handlungen und mit einfachen Menschen "eine Art von soziologischem Experiment" durchzuführen.

Aus diesen Postulaten leitet Zola seine Forderungen für eine naturalistische Schauspielkunst ab. Der Darsteller soll seine Rolle nicht "spielen", sondern "leben". Er soll sich und die Zuschauer "vergessen", und das Publikum soll "vergessen", daß er spielt. Er darf die Bühne erst betreten, wenn er das Leben und die Menschen auf der Straße, in den Gasthäusern, Geschäften und Büros, an ihren Arbeitsplätzen und in ihren Wohnungen genau studiert hat und wenn er fähig ist, das Beobachtete mit der größten Einfachheit wiederzugeben. Seine Zielvorstellung formuliert Zola am deutlichsten in der Vorrede zu der Dramatisierung seines Romans "Die Schnapsbude": "Hier, in dieser exakten Reproduktion des Lebens, sind alle meine Ideen gegenwärtig. Die Darsteller spielen nicht mehr, sie leben ihre Rollen. Die Inszenierung ist ein Wunder an Wahrheit; diese Menschen, die kommen, gehen, saufen, um die Tische herumhocken oder an der Theke lehnen, versetzten uns in eine wirkliche Schnapsbutike".

Als Begründer des naturalistischen Dramas gilt der norwegische Dichter Henrik Ibsen (1826-1908). Nachdem er mit seinen nationalromantischen Werken ("Nordische Heerfahrt", "Die Kronprätendenten" und "Peer Gynt") einigen Erfolgt erlangt hatte, schrieb er in seiner Reifezeit eine Reihe von "Gesellschaftsdramen", in denen er ein ebenso realistisches wie kritisches Bild der bürgerlichen Gesellschaft seiner Zeit zeichnete - mit ihrer "Lebenslüge", dem tiefen Widerspruch zwischen einer zur Schau getragenen, allgemein anerkannten sittlichen Idee und dem wirklichen Handeln. Damit provozierte er heftige Angriffe der Konservativen; den fortschrittlichen Kräften bot er eine willkommene Möglichkeit zur Identifikation. Henrik Ibsens soziale Dramen "Stützen der Gesellschaft", "Gespenster", "Nora oder Ein Puppenheim", "Ein Volksfeind", "Rosmersholm", "Die Wildente", "John Gabriel Borkmann" und "Hedda Gabler" behandeln die Befreiung des Individuums von überholten Konventionen, die Emanzipation der Frau und ganz allgemein die Folgen von Vererbung und Milieu für das Leben der Menschen. - Charakteristisch für die Stücke ist neben der Alltagssprache sowie der detaillierten Schilderung des Milieus und der glaubhaften psychologischen Charakterisierung vor allem ihre "analytische Dramaturgie". Dabei handelt es sich um eine Technik, bei der die Enthüllung von verborgenen Ereignissen der Vergangenheit die eigentliche Handlung des Dramas darstellt. Die Figuren in Ibsens Stücken gleichen Eingeschlossenen; sie sind verstrickt in Vergangenes, in Schuld, in übermächtige Leiden und Leidenschaften. Die Bühnengestalten haben sich von ihrem Erfinder gelöst; sie leben für sich selbst und sind nicht einmal vom Autor ganz zu durchschauen. Auf die Frage, ob der Tischler Engstrand in den "Gespenstern" das Feuer gelegt habe, antwortete Ibsen: "Zuzutrauen wär's dem Kerl schon!"

Der als Sohn einer Magd geborene, zeitlebens von dem Verlangen nach der "Herrlichkeit der Oberklasse" zerrissene schwedische Dichter August Strindberg (1849-1912) hat in Ibsens Spur begonnen, ihn an Radikalität und Erfindungsreichtum aber bald übertroffen. Zum Naturalismus gehört er nur mit dem Roman "Das rote Zimmer" sowie den Dramen "Der Vater", "Fräulein Julie" und einer Reihe von weniger bekannten Einaktern. Nach leidenschaftlich durchlebten weltanschaulichen Krisen, von denen das Bekenntnisbuch "Inferno" zeugt, entwickelt er sich immer stärker zu dem mystischen Symbolismus seiner "Traumspiele".

Das den naturalistischen Stücken zugrunde liegende Programm formulierte Strindberg im Vorwort zu "Fräulein Julie". Dem Bühnenautor weist er dort die Aufgabe zu, die "Gedanken der Zeit in populärer Form" zu verbreiten, "so allgemein verständlich, daß der Mittelstand, der hauptsächlich das Theater bevölkert, ohne viel Kopfzerbrechen erfassen kann, um was es geht". Ablehnung des bisherigen Amüsiertheaters, Betonung des "Kampfes ums Dasein", Dominanz der Belehrung über die billige Unterhaltung - das sind Positionen, wie sie uns auch schon bei Ibsen begegnen. Die dem Naturalismus adäquate dramatische Form ist nach Strindbergs Auffassung der Einakter: "Unsere schwindende Illusionsfähigkeit wird möglicherweise durch Zwischenakte gestört, in denen der Zuschauer Zeit zum Nachdenken hat und sich dadurch dem suggestiven Einfluß des Verfasser-Magnetiseurs entziehen kann". Was auf der Bühne abläuft, trifft auf den Zuschauer ohne Atempause, macht ihn zum Zeugen von "Problemdebatten", die seine Beteiligung erfordern - ein kritische und selbstkritische Beteiligung.

In Deutschland setzte der Naturalismus erst relativ spät ein. Zu Beginn der 80er Jahre erhob sich aber auch hier der Protest einer jungen Schriftstellergeneration. Es begann ein Jahrzehnt der Zeitschriftengründungen, der Programme, Pamphlete und Manifeste. Die im Zusammenhang damit stehenden poetischen Werke sind mit Ausnahme der Dramen von Gehart Hauptmann heute so gut wie vergessen.

In ihrer Opposition gegen den zeitfremden Ästhetizismus und die pompös-historisierende Kunst im kaiserlichen Deutschland richteten die jungen Schriftsteller ihren Blick über die Grenzen hinaus. Der Chauvinismus hatte bisher Einflüsse aus dem Ausland erschwert; jetzt aber wurden die Anregungen mit der "Nervosität von Zuspätgekommenen" aufgegriffen. Arno Holz dichtete folgenden Vierzeiler:

"Zola, Ibsen, Tolstoi,
eine Welt liegt in den Worten,
eine, die noch nicht verfault,
eine, die noch kerngesund ist."

Den Ausländern Publizität und den deutschen Naturalisten einen Halt geboten zu haben, ist das Verdienst des Kritikers Otto Brahm, der 1889 zusammen mit Gleichgesinnten in Berlin den Theaterverein "Freie Bühne" gründete. Frei sollte das Theater sein von Zensurauflagen und von den Mechanismen des Geschäftstheaters. Beides war zu erreichen, wenn man einen Verein gründete, dessen geschlossene Vorstellungen nicht der Zensur unterlagen und von Mitgliedern als Abonnenten finanziert wurden. Vorbild der "Freien Bühne" war das kurz vorher in Paris ins Leben gerufene "Théâtre Libre" von André Antoine, der Zolas naturalistische Theaterkonzeption in die Praxis umsetzte. Selbst ohne Ausbildung, verzichtete Antoine auf Berufsschauspieler, die ihm schon vom Konservatorium her im Sinne der Tradition verbildet erschienen. Otto Brahm dagegen engagierte für seine Aufführungen von Fall zu Fall ein Ensemble aus Berufsschauspielern. Sein Spielplan war voll und ganz auf das naturalistische Drama abgestellt. Programmatisch eröffnete man mit Ibsens "Gespenstern"; es folgte die Uraufführung von Hauptmanns "Vor Sonnenaufgang", die von einem Theaterskandal begleitet wurde. Neben drei weiteren Hauptmann-Uraufführungen ("Das Friedensfest", "Einsame Menschen", "Die Weber") zeigte man Stücke von Tolstoi, "Fräulein Julie" von Strindberg und das von Arno Holz gemeinsam mit Johannes Schlaf als Muster eines sogenannten "konsequenten" Milieu-Naturalismus verfaßte Drama "Familie Selicke", bei dem der Zuschauer "ein Stück Leben wie durch ein Fenster" sehen sollte; die Vorgänge waren hier identisch mit dem, "was wir auf der Hintertreppe gratis sehen können", wie es Theodor Fontane in seiner Kritik ausgedrückt hat. Der Spielplan der "Freien Bühne" erforderte natürlich eine grundsätzliche Neuorientierung auch der Schauspielkunst. Otto Brahm hat diesen Prozeß auf folgende Formel gebracht: "Der idealistische Stil in der Schauspielkunst, die plastische Pose, die Deklamation, sie traten zurück vor dem Streben nach beseelter Natürlichkeit".

In Rußland waren die Voraussetzungen für die Aufnahme des westeuropäischen Naturalismus außerordentlich günstig. Hier war schon seit Jahrzehnten eine literarische Form entwickelt worden, die der neuen Theaterkunst als Grundlage dienen konnte. Die sozialkritischen Satiren von Alexander Gribojedow ("Verstand schafft Leiden"), Nikolaj Gogol ("Der Revisor" und "Die Heirat") und Alexander Ostrowski ("Das heiße Herz", "Eine Dummheit macht auch der Gescheiteste", "Gewitter" etc.) sowie Leo Tolstois Schicksalsdramen aus düsterem Milieu ("Die Macht der Finsternis", "Der lebende Leichnam") bereiteten den Boden für die naturalistische Dramatik von Anton Tschechow und Maxim Gorki. Die beiden Dichter waren "Hausautoren" des von Konstantin Sergejewitsch Stanislawski kurz vor der Jahrhundertwende gegründeten "Moskauer Künstlertheaters". In einem Brief an seinen Verleger skizzierte Anton Tschechow (1860-1904) die Geschichte seiner Jugend so: "Schreiben Sie einmal eine Erzählung darüber, wie ein junger Mann, der als Gymnasiast und Student dazu erzogen wurde, jedem Rang Unterwürfigkeit entgegenzubringen, der für jedes Stück Brot dankbar sein mußte, oft geprügelt wurde, bei reichen Verwandten gern zu Mittag aß, vor Gott und den Menschen ohne Notwendigkeit heuchelte, allein aus dem Gefühl seiner Nichtigkeit heraus - schreiben Sie, wie dieser junge Mann Tropfen für Tropfen den Sklaven aus sich herauspreßte." Die zweite wesentliche Komponente von Tschechows Kunst hing mit seinem Beruf als Arzt zusammen. "Die Beschäftigung mit der Medizin hat mein Beobachtungsfeld bedeutend erweitert, mich mit Kenntnissen bereichert, deren wirklichen Wert für mich als Schriftsteller nur der ermessen kann, der selber Arzt ist. Die Bekanntschaft mit den Naturwissenschaften und dem wissenschaftlichen Verfahren brachte mich dann dazu, stets wachsam zu bleiben, und ich bemühte mich, wo es nur möglich war, den wissenschaftlichen Tatsachen Rechnung zu tragen." Die Einstellung förderte den illusionslosen Blick des Dramatikers sowie die Aufgeschlossenheit für die Theorien und Methoden des Naturalismus.

In den vier Stücken "Die Möwe", "Onkel Wanja", "Drei Schwestern" und "Der Kirschgarten" fand Tschechow den ihm gemäßen Stil. "Man verlangt vom Helden und seinem Verhalten, sie sollen bühnenwirksam sein", bemerkte der Dichter in einem Gespräch, "aber im Leben erschießt und erhängt man sich nicht immerzu, erklärt man nicht bei jeder Gelegenheit seine Liebe, äußert man nicht dauernd tiefe Gedanken. Meistens ißt und trinkt man, flirtet man und redet dummes Zeug. Man müßte Stücke schreiben, in denen die Leute kommen und gehen, Mittag essen, über Regen und schönes Wetter reden, Whist spielen, und zwar nicht, weil es der Autor so will, sondern weil es im Leben so zugeht." Um diese Konzeption einer realitätsgetreuen Darstellung des einfachen Lebens zu verwirklichen, mußte Tschechow mit den überlieferten Bühnenkonventionen brechen. Dort "heiratet der Held" entweder oder "er bringt sich um". Bei Tschechow dagegen bleiben die dramatischen Zwischenfälle im Hintergrund gegenüber dem wesentlichen Vorgang, der sich in den Seelen abspielt. "Man muß das Leiden so wiedergeben, wie es sich im Leben ausdrückt", sagt der Dichter, "das heißt nicht mit Händen und Füßen, sondern durch Tonfall und Blick". Die Dialoge werden von Pausen unterbrochen und diese sind oft bedeutungsvoller als der Text. Mit einigen Zügen seines Werks steht Tschechow dem literarischen Impressionismus nahe: Er ist ein Meister der Klänge, Farben und Gerüche in all ihrer Flüchtigkeit; die Stimmungselemente haben jedoch keinen Wert an sich, sondern wirken nur im Zusammenhang des Ganzen; dadurch entsteht die eigenartig schwebende Atmosphäre seiner Dramen. Die Grundstimmung wird aber immer wieder durch burleske Elemente unterbrochen, so daß keine Sentimentalität aufkommt.

Der zweite bedeutende Autor des russischen Naturalismus ist Alexej Peschkow (1868-1936), der sich als Schriftsteller Gorki ("der Bittere") nannte. Er wuchs (wie Tschechow) in elenden Verhältnissen auf, versuchte sich in allen möglichen Berufen, wanderte jahrelang durch Rußland und lernte dabei die Lumpenproletarier und Vagabunden kennen, als deren Dichter er berühmt wurde. Gorki näherte sich früh den Bolschewiki, trat in Kontakt zu Lenin, nahm an der Revolution von 1905 teil, wurde darauf in Festungshaft genommen, konnte aber dann emigrieren. In dieser Zeit schrieb er den Roman "Die Mutter" und das Drama "Die Feinde". Diese beiden künstlerischen Darstellungen des Kampfes zwischen den Klassen wurden von der sowjetischen Literaturkritik als die ersten Werke des "Sozialistischen Realismus " angesehen. Nach der Revolution kam es zu immer gravierenderen politischen Differenzen zwischen Lenin und Gorki; schließlich schrieb der Dichter den Satz nieder: "Lenin ist ein kaltblütiger Taschenspieler, ohne Achtung vor dem Leben und der Ehre des Proletariats". 1921 emigrierte Gorki zum zweiten Mal, doch das Heimweh und die Faszination des kommunistischen Aufbaus ließen ihn Ende der 20er Jahre in die Sowjetunion zurückkehren. Stalin warb um die Zustimmung des Dichters zu seinen politischen Zielen und mäßigte zu diesem Zweck sogar vorübergehend seinen Terror gegen die Intellektuellen, so daß sich Gorki auf dem Kongreß der Sowjetschriftsteller 1934 zur Gallionsfigur für die Proklamation des Sozialistischen Realismus hergab. Zwei Jahre später konstantierte er betroffen die Folgen: "Beschämend armselig sind die Kräfte unserer Dichter, kalte Verse werden bei uns geschrieben. Allzu gleichgültig ist diese Froschpoesie."

Zum naturalistischen Drama gehören vor allem Gorkis Stücke "Die Kleinbürger" und "Nachtasyl", die beide an Stanislawskis "Moskauer Künstlertheater" uraufgeführt wurden. Das "Nachtasyl" begründete Gorkis Weltruhm; es ist ein naturalistisch ausgemaltes Elendsbild aus der Lebenssphäre der Asozialen, "der Erfolg fast zwanzigjähriger Beobachtung der Welt derer, die auch einmal Menschen waren".

2. Stanislawski – Leben und Werk

Konstantin Sergejewitsch Stanislawski entwickelte seine Theaterkonzeption in drei Stufen: Von den 90er Jahren bis 1905 rezipierte er die verschiedenen Erscheinungsformen des Historismus und Naturalismus, zwischen 1906 und 1909 neigte er vorübergehend zu einer symbolistischen Darstellungsweise und von 1910 bis zu seinem Tod (1938) entfaltete er das Programm eines "geistig-seelischen Naturalismus".

Die Anregungen aus Westeuropa machte Stanislawski erst relativ spät für sich fruchtbar. Als Sohn einer Fabrikantenfamilie namens Alexejew 1863 geboren - den Künstlernamen legte er sich erst später zu, um den Ruf seiner Familie nicht zu gefährden - betrieb er das Theaterspielen lange Zeit nur als Liebhaberei. Zusammen mit seinen Geschwistern führte er Salonstücke, Possen, Operetten auf und kopierte dabei die traditionelle Spielweise seiner Vorbilder vom Berufstheater. Neben der Arbeit in der väterlichen Fabrik beteiligte er sich als 25jähriger an der Gründung einer "Gesellschaft für Kunst und Literatur" und stellte für ihre Aktivitäten gleich 30.000 Rubel zur Verfügung. In diesem Rahmen spielte und inszenierte er seichte Komödien, aber auch Klassiker wie "Kabale und Liebe" und "Othello". Dabei war sein Orientierungspunkt der historisierende Stil der "Meininger", jener Truppe des Herzogs Georg II. aus der kleinen deutschen Residenzstadt Meiningen, die durch Tourneen in ganz Europa und Amerika weltweite Berühmtheit erlangt hatte. Über das Gastspiel der Meininger in Moskau schreibt Stanislawski in seinen 1924 erschienenen Erinnerungen "Mein Leben in der Kunst": "Das berühmte Ensemble des Herzogs von Meiningen (kam) nach Moskau und stellte erstmals eine neue Art von Inszenierungen vor: historisch getreue Ausstattung, Volksszenen, prachtvolle Dekorationen, erstaunlich diszipliniertes Spiel und perfekte Organisation eines richtigen Festes der Kunst. Ich ließ keine einzige Vorstellung aus, nicht nur, um sie zu sehen, sondern auch, um sie zu studieren. Der Herzog von Meiningen hatte es verstanden, einzig mit den Mitteln der Regie und ohne sonderlich begabte Schauspieler, vieles vom künstlerischen Wesen der großen Dichter in eine ästhetische Form zu bringen. ... Die Regiekonzeption war stets großzügig und geistig tief. Doch wie sollte man sie ohne die Mitarbeit der Schauspieler verwirklichen? Also mußte das Schwergewicht auf die Inszenierung selbst verlagert werden. Die Notwendigkeit, allein für alle zu schaffen, erzeugte den Regiedespoten." (Leben in der Kunst, S. 161 f.)

Erst im Alter von 35 Jahren widmete sich Stanislawski ganz dem Berufstheater. Zusammen mit dem Schriftsteller, Kritiker und Leiter einer Schauspielschule, Wladimir Nemirowitsch-Dantschenko, gründete er 1898 das "Moskauer Künstlertheater für alle". Diese Bezeichnung enthielt schon das Programm: Der Schauspieler soll sich als "Künstler" verstehen, und das Theater soll sich zu einer Institution entwickeln, die für alle Bevölkerungsschichten da ist und nicht nur für das Bildungsbürgertum. In einem Brief konkretisierte Stanislawski diese Auffassung: "Wissen Sie, wieso ich meine eigenen Geschäfte verließ und mich dem Theater widmete? Weil das Theater das allermachtvollste Katheder ist, noch wirksamer in seinem Einfluß als das Buch und die Presse. Dieser Katheder ist in die Hände des Abschaums der Menschheit geraten, der es zu einem Ort des Lasters gemacht hat. Meine Aufgabe sehe ich darin, die Familie der Schauspieler nach Maßgabe meiner Kräfte von der Unbildung, der Unwissenheit und den Ausbeutern zu säubern. Meine Aufgabe besteht darin, der heutigen Generation nach Kräften klarzumachen, daß der Schauspieler Verkünder von Schönheit und Wahrheit ist. Der Schauspieler sollte deshalb höher stehen als die Masse, sei es durch sein Talent, durch seine Bildung oder durch andere Vorzüge. Vor allem aber muß der Schauspieler kultiviert sein, die Genies der Literatur verstehen und sich zu ihnen emporschwingen können." (Briefe, S. 122) Die Absicht, "für alle" Publikumsschichten da zu sein, die allerdings bis zur Oktoberrevolution nicht eingelöst werden konnte, formuliert Stanislawski so: "Gebe Gott, daß die allgemeine Zugänglichkeit unserer Theater viele Moskauer, die bisher abseits vom Kunstgenuß stehen mußten, der Kunst näherbringen möge, die jedem Menschen auf der Erde, ob arm oder reich, zugänglich sein müßte, die von der Prosa des Alltags zermürbt werden". (Briefe, S. 94)

Den revolutionären Anspruch des Unternehmens beschreibt Stanislawski in seinen Erinnerungen: "Wir protestierten gegen veraltete Spielweisen, gegen Theatralik und falsches Pathos, gegen das Deklamieren und Übertreiben im Spiel, gegen leere Stilisierung in Inszenierung und Bühnenbild, gegen das Starsystem, das jedes Ensemble zersetzte, gegen die ganze Struktur der Aufführungen und das armselige Repertoire der damaligen Theater. In unserem zerstörerischen revolutionären Bestreben nach einer Erneuerung der Kunst erklärten wir allen auf dem Theater üblichen stilistischen Überhöhungen, welche Form sie auch annehmen mochten, den Krieg: ob in der Schauspielkunst, der Inszenierung, in den Dekorationen und Kostümen oder in der Auslegung der Stücke." (Leben in der Kunst, S. 233)

Die beiden Direktoren des Künstlertheaters, von denen Nemirowitsch-Dantschenko für Organisation und Dramaturgie und Stanislawski für die Regie zuständig war, ließen sich durch den stürmischen Erfolg der Eröffnungspremiere (mit "Zar Fjodor" von Alexej Tolstoi) nicht darüber hinwegtäuschen, daß erst der Abschluß der Saison für das Weiterbestehen des Unternehmens ausschlaggebend sein würde. Das Publikum sollte nicht nur eine Inszenierung, sondern ein Programm akzeptieren. Am Ende der Spielzeit aber stand die Pleite. Nur dem Eingreifen des Großindustriellen Sawwa Timofejewitsch Morosow, der alle Aktien aufkaufte, die Schulden bezahlte und die nächste Saison vorfinanzierte, verdankt das "Künstlertheater" seinen Fortbestand. Später schenkte Morosow dem Theater sogar ein eigenes Haus mit Drehbühne und modernster Beleuchtungsanlage. Als das Unternehmen dann Gewinn abwarf, wurde es in den gemeinsamen Besitz der Stammschauspieler überführt.

Das Repertoire der ersten Spielzeiten war bewußt pluralistisch angelegt. Tolstois historischem Schauspiel "Zar Fjodor" folgten "Der Kaufmann von Venedig" und "Antigone". Ein Höhepunkt war Tschechows "Möwe", die zwei Jahre vorher bei der Uraufführung in Petersburg durchgefallen war. Das "Künstlertheater" feierte mit dem Stück einen Triumph; die Möwe ist seitdem sein Emblem. Die Inszenierungen der ersten Periode bis 1905 ordnet Stanislawski selbst nach "Linien". Die für ihn wichtigste war die "Linie der Intuition und des Gefühls", auf der Tschechow-Inszenierungen des "Künstlertheaters" lagen. "Ihr Reiz", schreibt Stanislawski, "liegt in etwas, was sich mit Worten nicht beschreiben läßt, sondern sich hinter und zwischen ihnen, in den Blicken der Schauspieler und in der Ausstrahlung ihres Gefühls verbirgt. Dabei leben selbst die toten Gegenstände, die Geräusche, Dekorationen auf. Davon leben die Gestalten und die Stimmung des Stücks und der Inszenierung. Hier kommt es auf die kreative Intuition und das Gefühl des Schauspielers an. Auf den Gedanken der Intuition und des Gefühls bin ich durch Tschechow gekommen. Um zum Wesen seiner Werke vorzustoßen, muß man eine Art Ausgrabung seiner seelischen Tiefen vornehmen. ... Wer in Tschechows Stücken aufs Spielen, Repräsentieren aus ist, geht in die Irre. Hier kommt es auf das Sein, das Leben, die Existenz an; hier folge man der tiefgelegenen seelischen Hauptschlagader. ... Äußere wie innere Echtheit sind Tschechow gleichermaßen geläufig, wie kaum einer weiß er, die leblosen Requisiten und Dekorationen mit Lichteffekten zu beleben. Er hat unser Wissen um das Leben der Dinge, Töne und des Lichts, die im Theater wie im Leben einen starken Einfluß auf die Seele ausüben, vertieft und verfeinert. Dämmerung, Sonnenaufgang und -Untergang, Gewitter, Regen, Vogelgezwitscher am Morgen, Trappeln der Pferde über die Brücke, Geräusch der davonfahrenden Kutsche, Schlagen der Uhr, Schnarren des Heimchens und Glockenschlag braucht Tschechow nicht um eines Bühneneffekts willen, nein, er will uns das Leben der menschlichen Psyche veranschaulichen." (Leben in der Kunst, S. 269 ff.)

Was Stanislawski an Tschechow rühmt, konnte das "Künstlertheater" in der ersten Periode seiner Entwicklung nicht realisieren. "Damals war unsere innere Technik und die Fähigkeit, die kreative Seite der Schauspieler zum Schwingen zu bringen, immer noch unterentwickelt. ... Um den Schauspielern zu helfen, ihr Affektgedächtnis zu aktivieren und ihre Seele schöpferisch sehend zu machen, versuchten wir mit Hilfe der Dekorationen, Lichteffekte und Klangbilder Atmosphäre zu schaffen. Manchmal half es, und ich gewöhnte mich daran, Licht und Klangeffekte im Übermaß einzusetzen. Tschechow sagte einmal zu jemanden, laut genug, daß ich es hören konnte: "Hören Sie, ich werde ein neues Stück schreiben, und es wird folgendermaßen anfangen: 'Es ist so herrlich, so still! Man hört weder Vögel noch Hunde noch den Kuckuck noch den Uhu noch die Nachtigall noch die Uhr noch die Glöckchen und nicht ein einziges Heimchen.'" (Leben in der Kunst, S. 328 f.)

Die auf das Erzeugen von "Stimmungen" orientierte Darstellungsweise war also durchaus nicht im Sinne des Autors. Tschechow in einem Brief: "Sie sagen, Sie hätten über meine Theaterstücke geweint. Sie sind nicht der einzige. Dazu habe ich sie aber nicht geschrieben. Stanislawski war es, der sie so rührselig gemacht hat. Ich wollte etwas ganz anderes. ... Ich wollte einfach und ehrlich sagen: schaut euch an, seht doch, wie schlecht und langweilig ihr euer Leben führt! ... Was gibt es da zu weinen?" (Zitiert nach Melchinger 1981, S. 59 ff.). Während sich also Stanislawski darum bemühte, durch Detailgenauigkeit die Stimmung so unentrinnbar wie möglich zu machen, wollte Tschechow den Zuschauer in der Haltung des Geschworenen sehen, der distanziert und gerecht sein Urteil fällt. Tschechows Kritik verdeutlicht, daß auch in den auf Intuition und Gefühl gestellten Inszenierungen Stanislawskis in dieser ersten Entwicklungsphase letztendlich die Nachahmung äußerer Details dominierte. Die Weiterentwicklung zum "geistig-seelischen Naturalismus" gelang ihm erst mit der Ausformung seiner Schauspielmethodik.

Seine erste Entwicklungsperiode läßt Stanislawski selbst mit der Spielzeit 1905/1906 des "Künstlertheaters" enden, die begleitet war von Unsicherheit und Zweifel. Tschechow war gestorben. Gorki ging ins Exil; es gab Spielplanschwierigkeiten. Welchen Weg sollte das Theater in Zukunft einschlagen, wenn die richtungsweisenden Dramatiker fehlten? Unter dem Einfluß antinaturalistischer Strömungen stellte Stanislawski seine bisherige Konzeption radikal in Frage. Er beschäftigte sich mit symbolistischer Literatur und neuer Musik, engagierte moderne Maler als Bühnenbildner und arbeitete mit seinem ehemaligen Schüler Wsewolod Emiljewitsch Meyerhold zusammen, der sich vom Naturalismus losgesagt hatte. Meyerhold und Stanislawski gründeten ein "Theaterstudio" als "Laboratorium für Experimente mehr oder minder vollkommener Schauspieler", das aber bald (aus finanziellen Gründen) zusammenbrach. "Das Credo des neuen Studios, auf eine Kurzformel gebracht, bestand darin, daß der Realismus überholt und die Zeit für das Irreale auf der Bühne gekommen sei. Nicht das Leben selbst sollte dargestellt werden, sondern das, was wir in unseren Träumen, Geschichten und Affekten vage zu empfinden vermögen." (Leben in der Kunst, S. 343)

Stanislawski inszenierte zu dieser Zeit u.a. Maurice Maeterlincks Märchendrama "Der blaue Vogel". In den Notaten zur Regiekonzeption legte er programmatisch seine damalige Auffassung dar: "Es ist notwendig, so tief wie möglich erfüllt zu sein vom Mystizismus des Autors und auf der Bühne eine entsprechende Sphäre zu schaffen, die für das Publikum bezaubernd ist. ... Ein Traum, eine Vorahnung, ein Märchen ist umgeben vom Geheimnisvollen, Schrecklichen, Schönen, Unerwarteten. ... Dieses Geheimnisvolle zerstört entweder das Junge und Lebensfähige, das mehr als alles auf der Erde zittert, oder es überschüttet die hilflosen Blinden mit Schnee oder es blendet uns mit seinen Schönheiten. Es zieht uns zu dem Geheimnisvollen, wir ahnen es, verstehen es aber nicht. ... Der Mensch herrscht auf der Erde und denkt, daß er die Weltgeheimnisse begriffen hat. In der Tat aber weiß er wenig." (Zitiert nach Fiebach 1975, S. 120) Stanislawski ging es jetzt um die theatrale Darstellung einer idyllisch konzipierten, natürlichen Welt: "Der Rauch von Fabriken verdeckt uns die Schönheit der Welt; der fabrizierte Luxus blendet uns. ... Mitunter ergreifen wir das richtige Glück ... ganz weit entfernt, auf offenem Feld, unter dem Strahlen der Sonne, aber dieses Glück, ähnlich dem blauen Vogel, wird schwarz, sobald wir in den Schatten der stinkenden Stadt kommen." (Zitiert nach Fiebach 1975, S. 120)

In dieser zweiten Entwicklungsperiode unternahm Stanislawski die verschiedensten schauspielerischen und bühnenbildnerischen Experimente. Im darstellerischen Bereich wandte er sich ganz der "inneren Technik" zu, nahm den Schauspielern versuchsweise die Gesten und Bewegungen. Alles sollte durch die Mimik, besonders die Augensprache, ausgedrückt werden. Wie er später selbst bekannte, erzeugte das nur "eine besonders starke Verkrampfung des Körpers und der Seele" bei seinen Akteuren. Wesentliche Impulse für die Entwicklung der "inneren Technik" des Schauspielers empfing Stanislawski übrigens von der amerikanischen Tänzerin Isadora Duncan, die in Opposition zum Klassischen Ballett einen freien Tanzstil kreierte, in dem die seelischen Impulse einen unmittelbaren Ausdruck finden sollten. Durch ihre Vermittlung begegnete er auch dem antinaturalistischen Theaterreformer Edward Gordon Craig und lud ihn zu einer Regiearbeit am "Künstlertheater" ein. Nach mehrjährigen Verhandlungen und Vorbereitungen brachte Craig 1911 seine "Hamlet"-Inszenierung heraus. Stanislawskis Abstand zum Symbolismus war aber inzwischen so groß geworden, daß er die Produktion in wichtigen Punkten nicht akzeptieren konnte: Die Arbeit der Schauspieler schien ihm zu äußerlich, die abstrakte Dekoration zu aufdringlich.

"Zweifellos sind wir zu einem von Erfahrung und Arbeit angereicherten Realismus zurückgekehrt, der sich verfeinert hat und tiefer und psychologischer geworden ist. In ihm werden wir uns ein wenig kräftigen, um dann erneut auf Suche zu gehen." (Briefe, S. 274) Diese Äußerung vom Dezember 1908 bezeichnet den Beginn der dritten und letzten Arbeitsperiode Stanislawskis. Den Bezugspunkt seiner theoretischen und praktischen Bemühungen bildet jetzt das Programm des geistig-seelischen Naturalismus. Im Gegensatz zur ersten Schaffensperiode ist die entscheidende Bedingung für den Realitätsbezug nicht mehr die genaue Nachahmung äußerer Details und das Herstellen von Stimmungen, sondern die Glaubwürdigkeit der schauspielerischen Aktion. Diese ist gewährleistet, wenn der Darsteller das psychische Sein der Figur erlebnismäßig realisiert. Er soll nicht für den Zuschauer "spielen", sondern für sich "leben"; er soll sich so verhalten, als ob die "vierte Wand" geschlossen wäre. Nur der auf sein eigenes Erleben konzentrierte Schauspieler kann sicherstellen, daß sich der Zuschauer in die Vorgänge und Figuren einfühlt, sich mit einem Stück Realität konfrontiert glaubt und daran Anteil nimmt.

Die Glaubwürdigkeit der darstellerischen Aktion ist nur dann garantiert, wenn der Schauspieler "echt", "natürlich", "organisch" empfindet. Damit beschränkt Stanislawski den Gegenstand der theatralen Abbildung auf das geistig-seelische Befinden einzelner Subjekte oder - allgemeiner und mit seinen eigenen Worten ausgedrückt - auf das "Leben des menschlichen Geistes" - wobei das Wort "Geist" im Russischen auch den Inhalt von "Seele" umfaßt. Gleichzeitig verengt sich sein Interesse weitgehend auf die Theorie und Methodik der Schauspielkunst. Zu Beginn seiner Reifeperiode steht die "Kunst des Erlebens" im Mittelpunkt aller Überlegungen: "Ich habe vollständig den Glauben an alles verloren, was dem Auge und Ohr auf der Bühne dient. Ich glaube nur mehr dem Gefühl, dem Erleben und - vor allem - der Natur selbst." (Briefe, S. 365)

In Abgrenzung von seiner ersten Schaffensperiode schreibt Stanislawski 1913: "Das ist schon nicht mehr der frühere Realismus des natürlichen Erlebens, der in seiner Natürlichkeit bis zum seelischen Naturalismus gelangt. Heute ist der äußere Realismus um der geistigen Wahrheit und Selbstvertiefung willen bis auf ein Minimum reduziert." (Zitiert nach Fiebach 1975, S. 131) In dieser Phase mißt Stanislawski der Intuition entscheidende Bedeutung zu. "Die beste schöpferische Aufgabe ist jene, die den Künstler unmittelbar ergreift, emotional, unbewußt, und die ihn intuitiv zum wahren grundlegenden Ziel des Stückes führt." (Zitiert nach Fiebach 1975, S. 132) Im Regelfall aber muß das unbewußt-organische Schaffen durch vorbereitende psychische Verfahren wie Willensanstrengung, Konzentration der Aufmerksamkeit, Aktivierung der Einbildungskraft und Phantasietätigkeit erst angeregt werden. Die Gesamtheit der dazu entwickelten Methoden nennt Stanislawski "Psychotechnik". Ihr Ziel ist die Herstellung des "schöpferischen Befindens", das ein "natürliches Erleben" des Schauspielers zur Folge hat und damit für ihn selbst wie für den Zuschauer die Glaubwürdigkeit der Bühnenvorgänge sicherstellt.

Die Oktoberrevolution von 1917 hatte auf die Entwicklung von Stanislawskis Theaterkonzeption vorerst keine direkten Auswirkungen. An die neu eingesetzte Leiterin der nun verstaatlichten Moskauer Theater schrieb er: "Wie kann unsere komplizierte und gewaltige Kunst auf die schnell vorüberziehenden großen Ereignisse reagieren? Je größer diese sind, um so mehr Zeit benötigt man, sie zu verarbeiten und in Werken der

Bühnenkunst widerzuspiegeln. Vorläufig bleibt uns nur eines: gute Stücke zu spielen und je größer die Ereignisse sind, um so besser muß die Aufführung sein, um so mehr Zeit erfordert die Vorbereitung." (Briefe, S. 450) Ab dem Beginn der 20er Jahre konnte Stanislawski aus Gesundheitsgründen nur mehr selten spielen und inszenieren. In den Mittelpunkt seines Schaffens rückte jetzt mehr und mehr die Weiterentwicklung des "Systems" und seine Überprüfung der Pädagogik. Immer wieder korrigierte er seine Auffassung, verwarf bereits abgeschlossene Teile des Werks, suchte nach einfacheren und verständlicheren Formulierungen. Von einigen Kapiteln seines Werks existieren bis zu zwanzig Varianten. Der Schauspieler Leonidow, einer seiner engsten Mitarbeiter, berichtet: "Niemals werde ich vergessen, wie er etwa zwei Jahre vor seinem Tod an Lungenentzündung erkrankt im Sanatorium darnieder lag und mir schwer atmend, denn er hatte hohes Fieber, mit zitternden Händen den Schlüssel zu seinem kleinen Köfferchen gab mit der Bitte, sein Manuskript herauszunehmen - das Wertvollste, was er besaß, von dem er sich niemals trennte. Ich reichte ihm das Manuskript, und er bat mich, ihm daraus vorzulesen. Er hörte aufmerksam zu und fragte immer wieder, ob es auch verständlich und faßlich sei." (Zitiert nach: Erleben, S. 373)

Stanislawski ging es in der letzten Arbeitsperiode fast ausschließlich um die Gesetze des schauspielerischen "Wie". Das neue "Was" in Gestalt einer sowjetischen Dramatik hatte sich nach seiner Auffassung noch nicht entwickelt. Als er seine Methode doch an einem Sowjetstück, Iwanows "Panzerzug 19-69" erprobte, monierte die Kritik sein Festhalten an der vorrevolutionären Theaterauffassung. "In der Aufführung spürte man nichts von der Revolution, so sehr auch auf der Bühne aus Gewehren und sogar Geschützen gefeuert wird. ... So führte man in diesem Theater bereits vor dreißig Jahren die Stücke Tschechows und die historischen Chroniken auf. Es sind immer noch dieselben Masken auf der Bühne, es ist immer noch derselbe trostlose Naturalismus und dasselbe Psychologisieren." (Zitiert nach Rühle 1963, S. 58)
Auch in den theoretischen Äußerungen bestätigte Stanislawski immer wieder nur sein Konzept des geistig-seelischen Naturalismus: Das Theaterkunstwerk soll aus genau nachgeahmten Elementen der Realität Abbildungen schaffen, die aussagekräftiger sind als das Leben selbst. Unabdingbare Voraussetzung einer solchen Wirkung ist für Stanislawski nach wie vor die "Kunst des Erlebens". Allerdings entwickelte er dafür um

1930 ein neues methodisches Instrumentarium, die sogenannte "Theorie der physischen Handlungen". Um das "Leben des menschlichen Geistes" zu schaffen, wird jetzt dem Schauspieler die Arbeit am "körperlichen Leben der Rolle" als Ausgangspunkt vorgeschlagen. "Die neue glückliche Eigenart des Verfahrens liegt darin, daß es, durch das 'Leben des menschlichen Körpers' das 'Leben des menschlichen Geistes' hervorrufend, den Künstler veranlaßt, Gefühle zu erleben, die den Gefühlen der von ihm darzustellenden Person analog sind." (Zitiert nach Fiebach 1975, S. 271) Mit der Realisierung dieses Ziels wird die physische Handlung zur psycho-physischen Handlung. Die materielle Hülle ist erfüllt mit den entsprechenden Emotionen. Das Psychische und das Physische erscheinen als zwei Seiten eines Prozesses: "Es gibt ja keine physischen Handlungen ohne Wollen, Streben, Aufgaben, ohne eine innere Rechtfertigung durch das Gefühl; es gibt keine Vorstellung in der Phantasie, die nicht irgendeine gedachte Handlung enthält." (Verkörpern, S. 369 f.)

3. Ethik, Disziplin und Bildung des Schauspielers

Den jungen Menschen, die Schauspieler sein wollen und sich dazu berufen fühlen, ... steht ununterbrochene anstrengende Arbeit bis zu ihrem Lebensende bevor. Erst dann werden sie begreifen, wieviel sie noch zu tun haben. So grenzenlos sind ihre Tätigkeitsbereiche und die künstlerischen Horizonte.

Ihr Leben verläuft im ständigen Wechsel von Begeisterung und Enttäuschung. Kaum haben sie auf ihrem dornenreichen Pfad einen neuen Weg entdeckt und glauben, ihr Ideal erreicht zu haben, tritt bereits eine Enttäuschung ein. Der neue Weg wurde ja nur entdeckt, um neue Bereiche freizulegen. Ganze Jahre sind erforderlich, um diese Bereiche zu durchschreiten und neue, noch fernere und umfassendere Horizonte zu entdecken. Und dann kommt es ihnen vor, als entfernen sich ihre schauspielerischen Ideale mit jedem weiteren Fortschritt in der Kunst immer mehr. Kurz gesagt, wie bei jeder anderen Tätigkeit von Einbildungskraft und Verstand weckt auch hier jede Erkenntnis nur neue Zweifel. (Künstlertheater I, S. 38)

Sie beginnen ein kollektives Schaffen zu studieren. Das bedeutet, daß Sie ganz in einem Kollektiv aufgehen und lernen müssen, Ihr gemeinsames Anliegen kollektiv zu bewahren. Dazu müssen Sie sich als Mensch und Künstler umerziehen. Maler oder Dichter sitzen zu Hause in ihrem Zimmer, sind von niemandem abhängig und können arbeiten, wann sie wollen. Sie aber sind in Ihrer Arbeit an ein Kollektiv gebunden, müssen vor einer tausendköpfigen Menge schaffen, und zwar nicht, wann Ihnen das gefällt, sondern wann es der Theaterzettel ankündigt. Zu einer bestimmten Zeit - um 19.30 Uhr abends. Begreifen Sie die Verantwortung, die Sie übernehmen, und die Notwendigkeit, sich eine besondere Disziplin anzuerziehen? ... Der Erfolg des Schauspielers hängt nicht nur von ihm selber ab, sondern auch von seinem Partner, der im Augenblick des Schaffens schlecht oder gut reagieren kann.

Auch die Atmosphäre hinter den Kulissen übt einen starken Einfluß auf Ihr Schaffen aus. Der Schauspieler ist auch noch vom Schneider, vom Pförtner und vom Beleuchter abhängig. An diese Besonderheiten des kollektiven Schaffens müssen Sie sich gewöhnen und müssen lernen, sie zu begreifen. Sie hängen von Ihren Kollegen genauso ab wie diese von Ihnen. Kollektive Kunst entsteht nur in einer Atmosphäre der Zusammenarbeit und gegenseitigen Hilfe. Sich um kameradschaftliche Beziehungen zu bemühen bedeutet, sich Sorgen zu machen um das gemeinsame Anliegen. Der Schauspieler schafft unter Bedingungen erhöhter Nervosität. Das steigert Dünkel und Eigenliebe. Er muß es verstehen, sich zurückzuhalten, tolerant und wohlwollend zu seiner Umgebung zu sein, wie die Bedingungen kollektiven Arbeitens dies erfordern. ...

Das Kollektiv ist etwas Wichtiges und Kompliziertes, das man nicht nur mit dem Verstand, sondern auch mit dem Gefühl erfassen sollte. Jeder muß sein Handeln danach bewerten, inwieweit es der gemeinsamen Sache dient. Im Theater sollte nur das gesagt werden, was nicht schaden kann.

Begreifen Sie die Besonderheiten des kollektiven Schaffens nicht und finden Sie keinen Zusammenhalt, zerfällt Ihr Kollektiv, da es das gemeinsame Anliegen nicht zu verteidigen vermag, und wird eine Brutstätte von Niederträchtigkeiten....

Lernen Sie es, die Kunst in sich zu lieben und nicht sich in der Kunst. ... Das muß der Leitfaden für Sie sein. Nicht das Theater ist für Sie da, sondern Sie sind für das Theater da.

Es gibt keinen höheren Genuß als die Arbeit in der Kunst. Aber die fordert Opfer.

Sie müssen sich eine eiserne ... Disziplin anerziehen. ... Disziplin brauchen wir nicht nur zur Herstellung von Ordnung, ohne die ja kollektives Schöpfertum undenkbar ist, sondern auch zu künstlerischen Zwecken. Sie schafft die Atmosphäre, die wir zu unserem Wirken brauchen. ...

Sie haben einen Ausdrucksapparat. Den müssen Sie vervollkommnen und schonen. Auf einem verstimmten Instrument kann man keinen Beethoven spielen. Auch Ihr Instrument muß gut gestimmt sein, damit Sie alle Feinheiten Ihres inneren Erlebens wiedergeben können. ...

Glücklicherweise ist der Mensch in der Lage, seinen Körper und seine Sprechwerkzeuge beherrschen zu lernen. Er kann seinen physischen Apparat und seine inneren Anlagen vervollkommnen. Aber dazu braucht er viel Disziplin und Systematik in der Arbeit.

Dann können Sie auf die Bühne gehen und brauchen gar nicht zu spielen, sondern die Augen bewegen, und zweitausend Menschen tun das auch. Oder sie denken nach und die anderen denken auch nach.

Auf die Bühne gehen zu dürfen, nichts zu machen und sich so zu verhalten, daß das Publikum im Einklang mit Ihnen ist, bereitet viel Freude!

Um diese Freude beherrschen zu lernen, müssen Sie begreifen, warum Sie auf die Bühne kommen. Denn ein Schauspieler kann die Menschen dazu bringen, daß Sie mit ihm nachdenken, leiden und sich freuen. Was gibt ihm diese Macht, dieses Recht, das Publikum mitzureißen?

Ich schrieb bereits, daß ich einmal nachts von einer mißlungenen Probe in Leningrad kam und auf dem Michailow-Platz Leute um ein Feuer sitzen sah. Es war im Winter, war kalt. Ich kam mit ihnen ins Gespräch und erfuhr, daß sie sich schon am Abend angestellt hatten, um Karten für unsere Vorstellung zu bekommen. Da dachte ich, was mich dazu bringen würde, in einer frostkalten Nacht auf der Straße zu sitzen, wofür ich das täte, was für eine Verantwortung da auf uns Schauspielern liegt gegenüber dem Publikum, das morgen den Zuschauerraum füllt, was uns das Recht gibt, auf die Bühne zu gehen! Wenn Sie ... Ihr Studium abgeschlossen haben, fordere ich von Ihnen Antwort auf die Frage, warum Sie zum Theater gegangen sind. Wir wollten gern spielen, werden Sie da sagen. Ein natürlicher und verständlicher Wunsch. Aber reicht denn das aus, um ein echter Schauspieler zu werden? Natürlich, Rampe, Garderobe, Publikum, das erregt, das schmeichelt. Aber es verdirbt auch. Das ständige Sichproduzieren und die Komplimente - daran gewöhnt man sich so sehr, daß man ohne sie schon kaum noch leben kann. Wenn nach der Vorstellung ein alter Professor in Ihre Garderobe gehumpelt kommt, um Ihnen zu sagen, daß Sie an der und der Stelle schlecht gespielt oder was Falsches gesagt haben und daß Sie für Ihre Rolle etwas anderes finden müssen, dann ist das mehr wert als das Geschrei psychopathischer Verehrerinnen, die angeblich dem Schauspieler seinen Ruf verschaffen. ...

Oscar Wilde hat einmal gesagt: 'Der Schauspieler ist entweder eine Schaubudenfigur oder ein Schöpfer, entweder ein Priester oder ein Hofnarr.' Werden Sie keine Hofnarren. Tun Sie nichts, um sich dem Geschmack des Publikums anzupassen, aber hören Sie auf die Meinung von Kennern.

Entscheiden Sie sich, wozu Sie auf die Bühne gehen wollen. Fürchten Sie sich nicht zu sagen, was Sie denken. Wenn Sie Dummheiten äußern, wird man Ihnen widersprechen, aber denken und darüber reden müssen Sie ständig. Dieses 'Wozu' ist für Sie wichtigster Motor und Leitstern. Wir werden das Überaufgabe nennen. Denken Sie ständig an die ganz große Überaufgabe Ihres Lebens. ...

Wenn Sie sich diese Frage nicht ständig stellen und nicht ständig die ganz große Überaufgabe Ihres Lebens zu festigen suchen, wird Ihnen der erste Erfolg zu Kopfe steigen und der zweite Sie um den Verstand bringen. ...

Man stellt Ihnen ein Studio zur Verfügung, in das Sie alles Gute einbringen können, was Sie haben. Wenn Sie dieses Haus betreten, müssen Sie mit den Galoschen alles Kleinliche und Gemeine an der Schwelle zurücklassen und nur Ihre besten Gefühle hereinbringen und sie Ihren Kollegen mitteilen. Hier können Sie mit großen Genies verkehren, mit Shakespeare, Puschkin, Gogol und Ostrowski. Sie müssen in diesem Hause gebildete Menschen werden und eine Atmosphäre schaffen, die immer rein bleibt....

Jeder Schauspieler muß spüren, daß hier die Bühne ist, auf der Kunst geschaffen wird. Sonst ist er kein Schauspieler. Denken Sie stets daran, daß nur das Kollektiv Sie stark macht und daß Sie für eine große, lautere Sache hergekommen sind.

Das ist mein Vermächtnis. Es fußt auf den Erfahrungen von sechsundfünfzig Jahren, die ich in diesem Theaterkessel schmore. (Künstlertheater II, S. 170 ff.)

Ethik ist die Lehre von der Sittlichkeit. Sie erarbeitet die richtigen sittlichen Grundlagen, die die menschliche Seele gegen Zersetzung schützen sollen und regelt die Beziehungen zwischen einzelnen Menschen und ganzen Staaten. Genauso wie alle anderen Bürger muß auch der Schauspieler die Gesetze der gesellschaftlichen Ethik kennen und sich ihnen unterordnen.

Schauspielerethik ist die Berufsethik der Bühnenschaffenden. Ihre Grundlagen sind die gleichen wie die der gesellschaftlichen Ethik, jedoch müssen sie an die Bedingungen unserer Kunst angepaßt werden. Diese Bedingungen sind vielseitig und kompliziert.

Die erste von ihnen besteht in der Kollektivität des Schaffens von Dichter, Regisseur, Schauspielern, Bühnenbildnern, Musikern, Tänzern, Maskenbildnern, Ankleidern, Requisiteuren und andern Bühnenschaffenden. Jeder von ihnen ist im einzelnen ein selbständiger Schöpfer in seinem Fach, und sie alle zusammen sind verbunden durch die Gesetze der künstlerischen Harmonie und das für alle gemeinsame Endziel ihres Wirkens. Um die Arbeit so vieler Schaffender zu regeln und die Freiheit eines jeden Einzelnen zu schützen, brauchen wir sittliche Grundsätze, die zur Achtung vor fremdem Schaffen erziehen, in der gemeinsamen Arbeit einen kameradschaftlichen Geist aufrechterhalten, eigene und fremde

Schaffensfreiheit sichern sowie den Egoismus und die niederen Instinkte eines jeden daran Beteiligten mäßigen.

Solche sittlichen Grundsätze schafft eine Künstlerethik, die an die Bedingungen unserer Kunst angepaßt ist. Die Bedingungen kollektiven Schaffens in unserer Kunst stellen Forderungen an die Bühnenschaffenden. Davon sind einige rein künstlerischen, die anderen wiederum beruflichen oder handwerklichen Charakters. Die künstlerischen Anforderungen bei der kollektiven Arbeit ergeben sich vor allem aus der Psychologie und der Physiologie des Schaffens.

Die Hauptrolle auf beiden Gebieten spielen kreatives Wollen und Talent eines jeden kollektiven Schöpfers von Bühnenkunst. Deshalb muß vor allem die künstlerische Ethik in Einklang gebracht werden mit Natur, Charakter und Eiqenarten von schöpferischem Wollen und Talent. Für schöpferisches Wollen und Talent sind vor allem typisch: Leidenschaftlichkeit, Begeisterungsfähigkeit und Streben nach künstlerischer Wirkung. Daher besteht die erste Aufgabe unserer Ethik darin, die Gründe zu beseitigen, durch die die Leidenschaftlichkeit, die Begeisterungsfähigkeit und das Streben des schöpferischen Wollens abkühlen, sowie die Hindernisse abzuschaffen, die dem Wirken des schöpferischen Talents entgegenstehen. In der Praxis stößt der Schauspieler auf nicht wenige Gründe und Hindernisse, die sein Schaffen stören.

In den meisten Fällen schaffen die Theaterleute diese Hindernisse selber. Teils deshalb, weil sie die Psychologie und die Physiologie des künstlerischen Schaffens sowie die Aufgaben unserer Kunst nicht verstehen, teils aus Egoismus, aus Mißachtung fremden Schaffens und durch wankende sittliche Prinzipien. Die Wirklichkeit bestätigt diese Schlußfolgerung anhand der vielen Fehler aus der Bühnenpraxis, die in unserer Kunst schon etwas Alltägliches geworden sind. So gilt es beispielsweise im Theaterleben für normal, über ein gerade erst gelesenes und zum kollektiven Schaffen bestimmtes dichterisches Werk Witze zu machen. Dieses Sichlustigmachen, das die gerade erst aufgekommene Begeisterung wieder abkühlt, ist das erste Hindernis bei der Entwicklung des 'Wollens '. ...

Eine ... übliche Erscheinung in der kollektiven Arbeit ist die Trägheit der Schauspieler und unserer Theaterleute beim Einleiten der Schaffensprozesse, eine der gefährlichsten und quälendsten Erscheinungen in der Praxis unserer Kunst. Aufkeimende schöpferische Begeisterung ist in der ersten Zeit ihrer Entwicklung noch labil, dafür aber auch am wirksamsten, frischesten und lebendigsten. ... Daher müssen alle Keime schöpferischen

Wollens, die bei den einzelnen kollektiven Gestaltern entstehen, von sämtlichen Teilnehmern an der künstlerischen Arbeit sorgsam gehütet werden, um allen zugute zu kommen. Rechtzeitig unterstütztes schöpferisches Wollen festigt sich durch Gewohnheit. Hat es sich gefestigt, entwickelt es sich schnell weiter. Ein solches gegenseitiges Ansporen des aufkeimenden schöpferischen Wollens ist der stärkste Erreger künstlerischer Prozesse im kollektiven Schaffen und fördert letzten Endes auch die Erhaltung der Frische, der Ungebrochenheit und Lebensfähigkeit von Theateraufführungen. ...

Hat sich ein Schauspieler für ein dichterisches Werk begeistert und eine Rolle bekommen, legt er sie meist beiseite und wartet auf die Inspiration, weil er auf Grund unerklärlicher und eingewurzelter Vorurteile so naiv ist zu glauben, die Inspiration käme zufällig, unabhängig von seinem Willen und den ihn umgebenden Bedingungen. Es ist durchaus natürlich, daß die Schärfe der schöpferischen Begeisterung rasch abstumpft und an ihre Stelle unmerklich Apathie tritt, die durch fruchtlose Proben, welche das schöpferische Wollen am meisten schwächen, immer mehr verstärkt wird. ...

Apathie ist im kollektiven Schaffen ansteckend. Sie entwickelt sich ungewöhnlich schnell und erreicht äußerste Grenzen. Bei apathischen Darstellern verharrt das Schaffen auf dem toten Punkt, von dem es weder die Energie der Regisseure, die die erloschene schöpferische Begeisterung wieder anzufachen versuchen, noch die persönlichen Bemühungen der kollektiv Schaffenden wieder herunterzubringen vermögen. ... Nur durch einen Zufall kann die einst so frische, jungfräuliche und lebensfähige schöpferische Begeisterung wieder angefeuert werden. Aber der kommt nicht immer, und den Früchten der künstlichen Begeisterung fehlen ebenso wie der zweiten Jugend die Lebensfähigkeit und das Aroma echter Poesie. Im besten Falle kann man sie noch vergleichen mit einer zerknitterten und welken Rose, meist jedoch erinnern sie an zu scharf gebratene und aufgewärmte Speisen. (Künst-lertheater I, S. 159 ff.)

In seiner Anfangszeit muß sich der Schauspieler vor allem um seine Bildung und Erziehung kümmern. Es gab eine Zeit, da galt das als überflüssiger Luxus für den Schauspieler. Hauptsache, Talent ist da, suchten sich die Unwissenden zu trösten, der Rest kommt von selber. Die anekdotenhafte Unwissenheit solcher Schauspieler ist hinlänglich bekannt. Beim heutigen Stand der Gesellschaft, der Literatur und der Anforderungen der Bühne ist sie undenkbar. ...

Um bei Ibsens, Hauptmanns, Tschechows oder Gorkis Werken zu begreifen, worum es ihren Verfassern ging, muß man sie nachfühlen, ... geistig nachvollziehen, muß sich durchdringen lassen vom Geist des Werkes. Ganz zu schweigen von Shakespeare. ...

Um Werke von Genies zu interpretieren, muß man sie fühlen und begreifen, aber um sie zu begreifen, braucht man Bildung. Um Massen Wissen beizubringen, darf man selber kein Unwissender sein.

Um die gesellschaftliche Funktion eines Schauspielers ausüben zu können, muß man gebildet und entwickelt sein.

Vor allem junge Schauspieler müssen sich darum kümmern. ... Große Begabungen erahnen zwar schon mit dem Gespür all das, was sich andere erst beharrlich erarbeiten müssen. Aber diese Glückspilze gelten ja nicht umsonst als Ausnahmen. Meine Ratschläge sind nicht für Genies bestimmt.

Mit deren Autorität schirmen sich gern Schauspieler ab, die nicht sehr begabt sind, wenn sie das Fehlen von Talent verschleiern wollen. ...

Genies sind Auserwählte des Himmels und stehen in der Kunst über allen Gesetzen. Sie selber geben uns Gesetze, eröffnen uns neue Horizonte, entdecken uns bislang unbekannte Schönheiten und führen uns ihre neuen Wege. (Künstlertheater I, S. 44 ff.)

4. Über verschiedene Richtungen in der Theaterkunst: Das Handwerkeln – Die Kunst des Vorführens – Die Kunst des Erlebens

Man kann eine Rolle auf der Bühne vortragen, das heißt sie fehlerfrei in ein für allemal dafür festliegenden Formen szenischer Interpretation sprechen.

Das ist nicht Kunst, sondern nur Handwerkelei.

Während des Bestehens unserer Kunst seit vielen Jahrhunderten, in denen sie sehr konservativ blieb und selten erneuert wurde, verbreitete sich das Handwerkeln des Schauspielers ungeheuer und bürgerte sich ein. Das Handwerkeln erdrückte die echte Kunst, weil unbegabte Handwerker in der Überzahl waren, es schöpferisch veranlagte Menschen aber entsetzlich wenige gab. Und deshalb muß man ziemlich ausführlich über das Handwerkeln reden.

Allerdings veranlaßt uns noch ein weiterer Grund, beim Handwerkeln zu verweilen. Gibt es doch nicht selten Fälle, wo sich sogar große Schauspieler zur Handwerkelei erniedrigen, während Handwerker zur Kunst empordringen. Um so genauer sollten Schauspieler die Grenzen ihrer Kunst und den Anfang der Handwerkelei kennen; um so nützlicher ist es auch für Handwerker, die Trennlinie zu erfassen, hinter der die Kunst beginnt.

Worin besteht das Handwerkeln und wo sind seine Grenzen? Während man bei der Kunst des 'Erlebens' bestrebt ist, die Gefühle der Rolle jedesmal und bei jedem Schaffensakt zu empfinden, bemüht man sich bei der Kunst des 'Vorführens' die Rolle zu Hause zu erleben, und zwar nur ein einziges Mal, zunächst um jene Form zu erfassen und dann zu handhaben, die das geistige Wesen jeder Rolle ausdrückt. Schauspieler vom Handwerklertypus vergessen das Erleben und trachten danach, immer verwendbare Formen des Gefühlsausdrucks und der szenischen Interpretation für alle Rollen und Richtungen in der Kunst hervorzubringen. Anders gesagt, in der Kunst des 'Erlebens' wie des 'Vorführens' ist der Prozeß des Erlebens unumgänglich, beim Handwerkeln aber ist er unnötig und kommt nur zufällig vor.

Handwerkelnde Schauspieler sind außerstande, jede Rolle in ihrer Eigentümlichkeit zu erschaffen. Sie können weder erleben noch das Erlebte natürlich darstellen. Handwerkelnde Schauspieler können bloß Rollentext deklamieren und die Deklamation mit starr festgelegten Mitteln theatralischen Spiels begleiten.

Dazu benötigen sie bestimmte Techniken, mit denen sie alle Rollen vortragen, sie verwenden fertige Schablonen zum Illustrieren jedweder menschlicher Gefühle sowie starre Klischees beim Nachahmen menschlicher Gestalten. Techniken, Klischees und Schablonen vereinfachen die Aufgaben des Schauspielhandwerklers. ...

Der Handwerkler lebt nicht, sondern äfft nur Leben, menschliche Gefühle und Gestalten mittels starr festliegender Techniken theatralischen Spiels nach. ...

Deshalb wird in der Sprache der Geste wie auch beim Sprechen des Schauspielers nicht das Erleben selbst wiedergegeben, das beim Handwerkler fehlt, ja es wird nicht einmal die Illusion des Erlebens geschaffen, wie bei der Kunst des Vorführens, sondern einfach der körperliche Reflex des menschlichen Erlebens mechanisch nachgeäfft, das heißt nicht das Gefühl selbst, sondern sein äußerliches Resultat, nicht der geistige Gehalt, sondern nur dessen äußerliche Form. Diese immerdar fixierte Gefühlsmaske wird auf der Bühne bald verschlissen, verliert die geringfügige Spur von Leben und verwandelt sich in einfache mechanische Schauspielerschablone. ...

Es gibt Techniken und Schablonen für das Deklamieren der Rolle, das heißt für Stimme und Diktion; für das Verkörpern der Rolle, das heißt für Gänge, Bewegungen und Handlungen, für ausdrucksstarke Körperbewegungen und äußerliches Spiel; für das Darbieten aller möglichen menschlichen Gefühle und Leidenschaften; für das Nachahmen ganzer Reihen von Figuren und Typen verschiedener Schichten, Epochen und Nationalitäten sowie für das Aufführen einzelner Stücke und Rollen. ...

Das Handwerkeln schuf so ein besonderes schablonenhaftes Sprechen für verschiedene Lebensalter und Charaktere. Beispielsweise sprechen junge Menschen ... in sehr hoher Stimmlage, die nicht selten bis zum Winseln reicht; reife, besonnene Männer und Frauen sprechen in tiefen und dunklen Tönen usw. In Übereinstimmung mit den kräftig schallenden Stimmen, der überdeutlichen Diktion und der feierlichen Vortragsweise sind malerische Körperbewegungen, verweichlichte Gestikulation und effekthaftes Spiel entstanden.

Beginnen wir indes mit dem feierlich-gemessenen Schritt der Schauspieler! Sie gehen nämlich nicht, sondern schreiten über die Bühne, sie sitzen nicht, sondern sie thronen, sie liegen nicht, sondern lagern sich, und sie stehen nicht, sondern halten Positur. ...

Das ganze Material, das den Handwerklern beim Ausarbeiten eines gängigen schauspielerischen Körperausdrucks in die Hände fiel, haben Zeit, Gewohnheiten, Routine, guter und schlechter Geschmack zu einer einzigen Gesamtmasse vermengt. ... Wozu ist indes Körperausdruck nötig? Um das geistige Leben des Menschen schön zu verkörpern.

Doch ohne Erleben, von dem das Handwerkeln nichts wissen will, gibt es kein geistiges Leben und kein Verkörpern; ohne Erleben büßt die körperliche Bewegung ihren Zweck als schöne Ausdrucksform des seelischen Lebens ein; sie beginnt um ihrer selbst willen zu existieren und unterwirft sich nicht dem Gefühl, sondern bloß dem Wort. ...

Schöne körperliche Bewegung muß das Ergebnis eines harmonischen und gleichmäßigen Erlebens sein. Die Geste muß das Gefühl begleiten und nicht das Wort; sie muß vom Gefühl her kommen.

Das Gefühl sollte selbst fließend und ausdrucksstark von einem Erleben in das andere übergehen, der Körperausdruck ebenfalls schön und gleichmäßig die Seele widerspiegeln. Es gibt Schablonen, die versuchen, auf ein angeblich aufrichtiges, jedoch im Grunde beim Handwerkeln nicht existierendes Gefühl und Erleben anzuspielen. Hier offenbaren sich besonders kraß Geschmacklosigkeit, Plattheit und Stumpfsinn des Handwerkeins und gleichzeitig Hilflosigkeit und Schwäche mechanischer Schablone.

Im Grunde kann man nicht ein für allemal menschliches Gefühl, Leidenschaft, Eigenschaften und seelische Zustände schablonisieren, ohne sie zu töten; man kann auf der Bühne nicht mechanisch leben.

Zum Kreis solcher zufälligen Schablonen kann man auch individuelle Lebensgewohnheiten des Schauspielers selbst zählen. Unwillkürlich unterlaufen sie auf der Bühne und erhalten dort betonte Bedeutung. Individuelle Eigenarten des Gangs, der Körperhaltung, der Art sich zu verbeugen, aufzustehen und sich zu setzen, der Arm-, Hand- und Fingerbewegungen, unterschiedlich nervöse Zuckungen des Kopfs ... werden auf der Bühne rasch banal und überdies theatralisch sogar im Leben. Hierhin gehören unbedingt die rein bühnenmäßigen (nicht lebensalltäglichen) persönlichen Schauspielergewohnheiten, ob sie von selbst entstanden oder auf der Bühne erworben wurden. Sie ergeben sich teils aus physiologischen Ursachen, wo bei künstlerischer Erregung die Muskeln genötigt sind, sich auf besondere Art zusammenzuziehen, teils entstehen diese Gewohnheiten zufällig in glücklichen Minuten, prägen sich danach ein und werden bewußt in den Alltagsgebrauch handwerkelnder Techniken und Schablonen übernommen. Tatsächlich brechen unbewußt bei vielen Schauspielern reflektorische Bewegungen und Gesten durch. Die einen dirigieren sich beispielsweise vor Anstrengung durch Fingerwedeln, Armrucken, Kopfnicken, Fäustepressen und verstärken dadurch die künstliche Anspannung; andere erstarren vor Anstrengung oder unterstützen sie, nehmen alle Kraft zusammen, verklemmen die Schulter, halten irgendeine besondere Positur und verstärken damit die Schwerarbeit der Muskeln; die dritten wiederum verschärfen vor Anstrengung oder derentwegen die Diktion, übertreiben die Reinheit der Aussprache von Wörtern und sprechen sie überbetont; die vierten schließlich helfen sich durch Zucken von Augenbrauen, Gesichtsmuskeln und andere nervösen Verzerrungen u.ä.

Von all diesen Gewaltsamkeiten und Anormalitäten bleiben ebenfalls Spuren zurück in der Schablonenkollektion des handwerkelnden Schauspielers. ...

Schauspielerische Schablonen und Klischees sind derart ansteckend, daß sich das Bühnenbefinden unmerklich ins persönliche Leben des Handwerkers überträgt und Schauspielerangewohnheiten bei ihm zur zweiten Natur werden.

Auch im Leben haben Handwerker schallende Stimmen, prononcierte Diktion, das deklamatorische Pathos, einen feierlichen Gang, effektvoll malerische Erscheinung, übertriebene Ausdruckskraft, energische Gestikulation, äußerliche Hübschheit, künstliches Temperament, rasches Tempo bei Frohsinn, Muskelkraft usw. Auch im Leben sind sie aristokratischer als die Aristokraten, geckenhafter als die Gecken und schöner als die Schönlinge. Auch im Leben können die Tragöden nicht lachen, die Komiker halten sich für verpflichtet, ständig zum Gekicher anzureizen, die Koketten zu Kokettierung und ... die Naive, durch Naivität alle in Erstaunen zu versetzen. ... Schauspielerangewohnheiten werden nicht nur einverleibt, sondern verändern den Menschen, sogar physiologisch und geistig, indem sie einen Teil seines Wesens zuungunsten anderer Teile entwickeln. ...

Der Handwerker kann sich ohne jeglichen inneren Anlaß rein äußerlich in einen Erregungszustand versetzen. So sah ich beispielsweise einen Schauspieler, einen sehr namhaften, der vor einer tragischen Szene mit

42

Kraftaufwand an einer Säule rüttelte, um Begeisterung in sich zu wecken. Natürlich strengte er dabei - wie ein Mensch, der Gymnastik treibt - mehr die Muskeln statt den Willen an. Selbstverständlich ist bei solcher rein körperlichen Erregung weder Platz für Erleben noch für Gefühl.

Im Gegenteil: Muskelerregung nicht durch Gefühl, sondern durch mechanische Anstrengung hervorgerufen, schließt jede Art von Erleben und Denken aus. Mechanische Schauspieleremotion wird benötigt, um tote Schablonen zu beleben und ein handwerkelndes Spiel lebhafter zu gestalten, das heißt, um damit mechanisch auf den Zuschauer einzuwirken. Wenn in der Kunst des Erlebens alles auf das Gefühl ausgerichtet und in der Kunst des Vorführens alles der Verkörperung der Rolle untergeordnet ist, dann dient beim Handwerkeln alles dem Effekt auf den Zuschauer.

In vollem Gegensatz zum Handwerkeln beginnt die zweite Richtung ihre schöpferische Arbeit mit dem Prozeß des lebendigen, des menschlichen, sozusagen echten Erlebens der Rolle. Der beim Handwerkeln überflüssige oder nur zufällige Prozeß echten Erlebens ist in der zweiten Richtung verpflichtend und unausweichlich. Es gibt keine Kunst ohne echtes schöpferisches Erleben. Die zweite Richtung ist gerade deswegen Kunst und keine Handwerkelei, weil ihr Schaffen durch einen Prozeß echten Erlebens zustande kommt. ...

Die Rolle wird vom Schauspieler ein- oder mehrmals erlebt, um sich die äußere körperliche Form natürlicher Gefühlswiedergabe einzuprägen. Dank der Genauigkeit des (muskel-)motorischen Gedächtnisses, das Leuten unseres Berufes eigen ist, ruft sich der Künstler nicht das Gefühl selbst in Erinnerung, sondern dessen sichtbaren äußeren Ausdruck; nicht das Gefühl, sondern die dabei entstandene Form; nicht den inneren geistigen Zustand, sondern das ihn begleitende körperliche Bewegungsempfinden; nicht den seelischen Eindruck, sondern dessen physische Verkörperung.

Das geschieht, weil die zweite Richtung echtes menschliches Erleben nur beim Alleinsein des Schauspielers, in der Stille des Arbeitszimmers für möglich hält; auf der Bühne aber, in der Situation öffentlichen Schaffens, wird ein lebendiges, echtes Erleben der Rolle seitens der zweiten Richtung für unmöglich erklärt. Diese Unmöglichkeit wird - genau wie bei der ersten Richtung auch - hervorgerufen durch die unvollkommene Architektur und Akustik des Theaters, durch die aufregenden und Zerstreuung fördernden Bedingungen öffentlichen Schaffens und die übrigen Hindernisse, die lebendiges Gefühl auf der Bühne angeblich töten. Doch wenn die zweite Richtung echtes Erleben und natürliches Verkörpern in der Situation der Aufführung auf der Bühne sogar für möglich hielte, würde man dies als unerwünscht und überdies als schädlich für die Kunst ansehen, vor allem darum, weil echtes Erleben und dessen natürliches Verkörpern als nicht theatergemäß gilt. Es sei zu fein, zu unstilisiert und nicht genügend wahrnehmbar im Theater.

Die Verkörperung eines nicht wahrnehmbaren inneren Bildes und der Leidenschaften von Rollen müsse, um augenfällig zu werden, theatergemäß gemacht, deutlich auf jene große Entfernung erkennbar sein, die die Schauspieler von den Zuschauern trennt. Man müsse die szenischen Enthüllungsverfahren künstlich verstärken, sie - größerer Anschaulichkeit halber - erhellen und zeigen. Kurz, man brauche einen gewissen Teil Theatralik. ... Es gibt noch einen anderen wichtigen Grund, der die zweite Richtung veranlaßt, die Natur und deren Schöpfertum zu korrigieren und Stilisierung (formale Überhöhung) zuzulassen. Es handelt sich nämlich darum, daß man in der zweiten Richtung das echte Erleben und dessen natürliches Verkörpern nicht nur als wenig theatergemäß, sondern auch als unkünstlerisch betrachtet. Reales Leben, echtes Gefühl und dessen natürliche Verkörperung gelten in der Form, wie sie sich unmittelbar äußern, in der zweiten Richtung als grober Naturalismus, der das Alltagsleben auf der Bühne fotografisch wiedergibt und das Erhabene übermäßig vereinfacht. Reales Leben und echtes Gefühl, die auf der Bühne nicht in gewissem Maße theatralisch gefärbt sind, seien zu alltäglich und grau. Sie seien nicht prunkend und festlich genug für die feierlichen Bedingungen einer öffentlichen Aufführung. Zorn, Freude, Liebe und Güte, vom Schauspieler auf der Bühne dargestellt, müssen edler sein als jene Gefühle und Leidenschaften, die wir im Leben kennen. Deklamatorisches Pathos und schauspielerische Bildhaftigkeit seien theatergemäßer und deswegen auch schöner als der bescheidene Gefühlsausbruch und sein natürlicher Ausdruck. Die Kunst soll nach Ansicht der zweiten Richtung besser und schöner sein als die anspruchslose Natur; sie soll die Wirklichkeit korrigieren und veredeln. Im Theater brauche man kein echtes Leben mit realer Wirklichkeit, sondern eine schöne theatergemäße Überhöhung, die das Leben idealisiert. Die zweite Richtung setzt voraus, daß das Theater seiner eigentlichen Natur entsprechend formal überhöht und die Bühne zu arm an Mitteln ist, um die Illusion echten Lebens zu schaffen. Deshalb soll das

Theater keineswegs Stilisierung ... vermeiden, sondern sie im Gegenteil hervorbringen; und da Stilisierung nun einmal im Theater unvermeidlich sei, solle sie auch der Kunst zugrunde liegen; je mehr Stilisierung, desto besser. Kunst ist kein reales Leben und nicht einmal dessen Widerspiegelung; Kunst ist ein eigener Schöpfer: Sie schafft ihr eigenes Leben, außerhalb von Zeit und Raum, ihre schöne theatergemäße Stilisierung ...

Die formale Überhöhung ... der zweiten Richtung gestaltet keine simple äußere Handlung und Fabel wie die Schablone beim Handwerkeln, sondern innere Form und Leidenschaften des Stücks, die zuvor vermittels echten Erlebens vom Schauspieler beim Alleinsein zu Hause hervorgebracht wurden. Deshalb muß die stilisierte Form der zweiten Richtung geistig gehaltvoll sein. Es tut nichts, daß sie nicht frische Gefühle widerspiegelt, die gerade augenblicklich im Moment öffentlichen Schaffens entstanden. Trotzdem zeugt die stilisierte Form der zweiten Richtung immer von lebendigen Gefühlen, die früher bei der Arbeit zu Hause durchlebt worden sind. ...

Während bei der ersten Richtung Schablone und schauspielerisches Handlungsritual eine in sich kompakte Stilisierung und Lüge sind, grobe Imitation statt Wahrheit, der man keine Sekunde lang glaubt, wirkt sich die Stilisierung in der zweiten Richtung als Wahrheit aus und gemahnt an sie, da sie ihr entnommen ist. ...

Somit ist die Wahrheit der zweiten Richtung von besonderer Art und nicht jene echte, die wir im Leben kennen. Wahrheit oder zumindest Wahrscheinlichkeit sind in der Kunst nötig, damit das Schaffen überzeugend wird, für den Schauspieler selber wie für seine Zuschauer. Der Kunst muß man glauben. Wenn der Schauspieler nicht an das glaubt, was er seiner Rolle gemäß tut und sagt, wird er in ihr nicht zu leben beginnen, weder zu Hause noch im Theater; wenn er aber nicht in ihr zu leben beginnt, wird er die innere Welt und die Leidenschaften der Rolle nicht begreifen und nicht imstande sein, mit Glaubwürdigkeit darüber zu sprechen. Dann ist es für ihn nutzlos, vor Publikum zu erscheinen; durch nichts kann er mit ihm in eine Kommunikation treten, und das Publikum selber wird auch nichts von ihm aufgreifen und sich aneignen.

Wirklich, nach Abschluß eines Prozesses echten Erlebens und natürlichen Verkörperns der Rolle obliegt den Schauspielern der zweiten Richtung, die für die Bühne beste künstlerische Form hervorzubringen, die das vom Schauspieler Erlebte, das heißt das innere Bild und die Leidenschaften der Rolle sowie ihr geistiges Leben erhellt.

Von diesem Augenblick an geht die Arbeit des Schauspielers gleichsam von der Ebene des Lebens auf die Ebene formaler Überhöhungen des Theaters und der Bühne über. Die natürlich entstandene Form zur Verkörperung der erlebten Rollengefühle wird überprüft, wieweit sie bühnengemäß, ausdrucksstark, künstlerisch, typisch usw. ist. ...

Indem er das natürlich Geschaffene mit dem Traum vom Werk vergleicht und die Form der Rolle im Geiste korrigiert, bemüht er sich, sie reicher, prächtiger, wirksamer, farbiger und ausdrucksstärker, mit einem Wort, theatergemäßer zu machen, indem er sein Werk dem Theater annähert und es vom lebendigen, echten Leben fortrückt.

Nachdem der Schauspieler in der Phantasie die beste Form für die theatergemäße Übertragung des inneren Bildes und der Leidenschaften der Rolle geschaffen hat, bemüht er sich, sie mit äußerlichen, bühnengemäßen körperlichen Mitteln darzustellen. Als Bildhauer seines Traums modelliert der Schauspieler sich selber zur besten Form, die das irgendwann erlebte innere Bild und die Leidenschaften der Rolle schön verkörpert. Das äußere Bild der Rolle, also Maske, Kostüm, typische Gewohnheiten, Manieren, Gang und Stimme entstehen ebenfalls zuerst in der Phantasie des Schauspielers und werden von ihm dann auf sich selbst übertragen, wie ein Modell auf die Leinwand....

So entsteht die theatergemäße Form der Rolle, die von der Natur eingegeben und durch die Kunst des Schauspielers der zweiten Richtung vervollkommnet wird. Diese Form zeugt von einem irgendwann stattgefundenen schöpferisch echten Erleben. Schön veranschaulicht sie das geschaffene innere Bild, die Leidenschaften und das eigentliche geistige Leben der Rolle; sie erhellt die entworfene Zeichnung und die geistige Behandlung der Rolle und führt dabei Kunst und Technik des Schauspielens vor. ...

Nachdem der Schauspieler ein für allemal die beste Form der Rolle geschaffen hat, lernt er sie technisch wiederzugeben, das heißt, er lernt sie vorführen. ...

Nachdem sich der Schauspieler an das mechanische Wiedergeben der Rolle gewöhnt hat, kann er seine schauspielerische Arbeit zu jeder Zeit, auf Bestellung, ohne Aufwand an Nerven und seelischen Kräften wiederholen. Letzteres gilt nicht nur als überflüssig, sondern sogar als schädlich beim öffentlichen Schaffen, da jede schöpferische Erregung, jedes Erleben die schauspielerische Selbstbeherrschung und Kalkulation des Künstlers stören und die ein für allemal festgelegte Rollenzeichnung und -form ändern. Unschärfe der Form sowie Unsicherheit ihrer Wiedergabe schaden dem Eindruck. Je ruhiger sich das Schaffen vollzieht, je größer die Selbstbeherrschung des Schauspielers ist, um so klarer werden Rollenzeichnung und -form wiedergegeben, um so stärker ist deren Wirkung auf die Zuschauer, um so größer der Erfolg des Schauspielers. ...

Erreicht aber die Kunst des Vorführens ihr Hauptziel: das geistige Leben des Menschen zu schaffen?

Nein. Sie kommt ihm nur bis zu gewissem Grade nahe. Ohne das geistige Leben selbst zu schaffen, zeugt die Kunst des Vorführens durch ein Abbild davon, das heißt, von den seelischen Leidenschaften und inneren Strukturen der Rollen. ... Sie steht direkt an der Grenze zwischen der Wahrheit und der stilisierten Form des Erlebens; sie balanciert zwischen ihnen wie auf des Messers Schneide. Ein Schritt nach links, und die Kunst des Vorführens gerät in den Bereich der realen Wahrheit des Gefühls, dem sie zu entgehen sucht; ein Schritt nach rechts, und sie ist in der Gewalt der formal überhöhten Unwahrheit und der Handwerkelei.

Das Ziel der Kunst des Erlebens besteht darin, auf der Bühne das lebendige geistige Leben des Menschen zu schaffen und dies Leben in künstlerisch-bühnengemäßer Form wiederzugeben. Solch ein 'geistiges Leben des Menschen' kann auf der Bühne nicht durch Geschick eines Komödianten hervorgebracht werden, sondern nur durch wahres, inniges Gefühl und durch echte Leidenschaft eines Künstlers. ...

Der Schauspieler muß in jeder Rolle sowie bei jeder Aufführung nicht nur den bewußten, sondern auch den unbewußten Teil vom geistigen Leben des Menschen der Rolle hervorbringen, und der ist der wichtigere, tiefere, zu Herzen gehendere Teil nicht nur in unserem wirklichen, sondern auch im Bühnenleben.

Allein, es ist nicht leicht, mit dem Bereich zu tun zu haben, der dem Bewußtsein unzugänglich ist. Solche Aufgabe ist nichts für einfache schauspielerische Technik, so vollkommen sie sein mag. Solche Aufgabe ist nur etwas für die Natur selbst, die allein ein lebendiges Werk unbewußt schaffen kann. Das ist ihr Fach! Und deshalb legt die Kunst des Erlebens ihrer Lehre das Prinzip natürlichen Schaffens nach den normalen Gesetzen zugrunde, die die Natur selbst aufgestellt hat.

Die Kunst, ihr Werk, ist kein 'Spiel', keine 'Künstelei', keine 'Virtuosität der Technik', sondern ein schöpferischer Prozeß geistiger und physischer Natur. ...

47

Alle Gefühle, Empfindungen und Gedanken der Rolle müssen zu lebendig bebenden Gefühlen, Empfindungen und Gedanken des Schauspielers werden. Er muß das geistige Leben des Menschen der Rolle aus seiner eigenen lebendigen Seele schaffen und es mit seinem eigenen lebendigen Leib verkörpern. Als künstlerisches Schaffensmaterial müssen die eigenen lebendigen Gefühle dienen, die unter dem Einfluß der Rolle neu entstehen, Erinnerungen an früher erlebte visuelle, akustische und andere Wahrnehmungen, erprobte Emotionen, freudige wie traurige, an Seelenzustände aller Art, an Ideen und Wissen, Tatsachen und Ereignisse, kurz, Erinnerungen an bewußt im Leben wahrgenommene Gefühle, Empfindungen, Zustände, Stimmungen u.ä., die der darzustellenden Person verwandt sind. Natur nimmt also den Hauptplatz im Schaffen ein, ihr Werk beruht auf Intuition schauspielerischen Gefühls, dem sich die ganze Weite unserer Kunst öffnet. Die schöpferische Arbeit des Gefühls wird vollbracht, indem menschliches Geistesleben der Rolle echt und normal erlebt sowie natürlich verkörpert wird. Deshalb liegt ein Prozeß schöpferischen Erlebens der schauspielerischen Arbeit zugrunde, unsere Richtung erhält ihre Bezeichnung: Kunst des Erlebens.

Man muß die Rolle erleben, das heißt, ihre Gefühle empfinden, jedesmal und bei jeder Wiederholung des Schaffens. ... Jeder Mensch fühlt und erlebt unbedingt irgendwas in jeder Lebensminute; wenn er überhaupt nichts erlebte, wäre er ein Toter. Nur Tote fühlen nichts. ... Denn das Erleben des Schauspielers auf der Bühne ist nicht ganz dasjenige, das wir im Leben kennen. Es beginnt damit, daß Schauspieler auf der Bühne sozusagen selten ursprüngliche Gefühle erleben. Viel häufiger, fast immer sind es reproduzierte Gefühle, die sie bewegen, das heißt Gefühle, die sie früher erlebt haben und aus dem Leben kennen. Diese stehen in der Erinnerung wieder auf (affektive Gefühle).

Sie besitzen für die Bühne sehr wichtige Eigenschaften. Es verhält sich nämlich so, daß Gefühle, die wir im realen Leben empfinden, vollgestopft sind mit zufälligen, nebensächlichen Einzelheiten, die oft keinerlei Beziehung zum Wesen des Erlebten haben. Die reproduzierten (affektiven) Gefühle, die der Schauspieler auf der Bühne verwendet, sind befreit von Überflüssigem. Dieser Prozeß vollzieht sich in unserem Gefühlsgedächtnis (affektiven Gedächtnis) mit der Zeit von selbst.

Zeit reinigt das Gefühl von überflüssigen Einzelheiten, kristallisiert es und läßt in der Erinnerung nur das wichtigste, das Wesentliche zurück - ein Gefühl oder eine Leidenschaft in reiner, nackter Form. Daher ruft echtes Erleben im realen Alltag oft einen unkünstlerischen Eindruck hervor, und dieselben Gefühle, von der Zeit geläutert und auf die Bühne übertragen, werden zu künstlerischen. Erinnerungen sind schöner als reale Wirklichkeit. Die Zeit ist der beste Ästhet. Reproduziertes (affektives) Erleben macht oft stärkeren Eindruck auf die Zuschauer als ursprüngliches. Das kommt daher, daß ein Mensch zumeist, wenn er im Leben erstmalig starke Gefühle heftig erlebt, über sie nicht zusammenhängend reden kann; Tränen ersticken ihn, die Stimme versagt, und Erregung verwirrt die Gedanken. Das stört den Zuhörenden, ins Wesen des erlebten Kummers einzudringen und ihn zu verstehen. Aber die Zeit ist nicht nur ein Ästhet, sondern auch ein Heilkünstler: sie mäßigt die Gefühle, gleicht Qualen und Mißstimmigkeiten aus und veranlaßt die Menschen, sich völlig anders zu den verflossenen Ereignissen zu verhalten. Vom Vergangenen spricht man ohne Hast, folgerichtig und verständlich. Bei solcher Erzählung versteht der Zuhörende alles und dringt ins Wesen eines Kummers ein.

Von dem Augenblick, wo dem Schaffen der Prozeß wahrhaften schöpferischen Erlebens zugrunde gelegt wird, ist alles darauf gerichtet, der Natur bei ihrer schöpferischen Arbeit zu helfen. Diese Hilfe äußert sich einerseits in Arbeit des Schauspielers an sich selbst, andererseits in Arbeit an der Rolle. ...

Die Arbeit an sich selbst und an der Rolle erzeugt eine entsprechende Technik, deren Grundlage einerseits die Kenntnis von Naturgesetzen und andererseits systematische Übung und Gewöhnung bilden, die zunächst bewußt erfolgt, jedoch allmählich unterbewußt wird oder rein mechanisch (motorisch) verläuft. ...

Des Schauspielers Technik ist bewußt. Er bedient sich des einen Zehntels, das beim Schaffen unserem Bewußtsein zugänglich ist, um auf natürlichem Wege neun Zehntel unbewußten schöpferischen Lebens der Rolle zu erfassen und hervorzurufen: über das Bewußte zum Unbewußten - das ist die Losung für die Technik unserer Kunst.

Es gibt eine innere und eine äußere, das heißt eine psychische und eine physische Technik. Die innere Technik ist darauf gerichtet, den schöpferischen Prozeß des Erlebens in Gang zu setzen, die äußere jedoch darauf, das Erlebte mittels Stimme, Intonation, Mimik und des ganzen physischen Apparats eines Schauspielers auf natürliche und schöne Weise zu verkörpern.

Das Schaffensergebnis der Kunst des Erlebens ist ein lebendiges Geschöpf, kein Abklatsch der Rolle, aufs Haar so wie sie der Dichter hervorbrachte; auch nicht Selbstausdruck des Schauspielers, bis aufs I-Tüpfelchen so, wie wir ihn aus dem Leben und in Wirklichkeit kennen. Das neue Geschöpf ist ein lebendiges Wesen, das Züge geerbt hat vom Schauspieler, der es empfing und gebar, wie von der Rolle, die ihn befruchtete. Das neue Geschöpf ist Geist vom Geiste und Fleisch vom Fleische der Rolle und des Schauspielers. Es ist ein lebendiges organisches Wesen, das einzig nur entstehen kann aufgrund unausgeforschter Naturgesetze, aus einer Vereinigung der geistigen und körperlichen organischen Elemente des Rollenmenschen und des Schauspielermenschen. Ein solches lebendiges Geschöpf, das unter uns zu leben begonnen hat, mag gefallen oder nicht, es 'ist da', es 'existiert', und anders kann es nicht sein. ...

Die Kunst des Erlebens, des Vorführens und das Handwerkeln bekämpfen einander ständig. Sobald die erste stark wurde, bildete sich sofort die zweite als Gegengewicht, und beide Richtungen entarteten letztendlich in die entsprechende Handwerkelei.

Alle drei erwähnten Richtungen unserer Kunst (Erleben, Vorführen und Handwerkeln) existieren in ihrer reinen Form nur in der Theorie. Die Wirklichkeit hält sich an keine Klassifikationen und vermischt schauspielerische Stilisierung mit lebendig echtem Gefühl, Wahrheit mit Lüge, Kunst mit Handwerkelei usw. Eben deshalb dringen in die Kunst des Erlebens jederzeit Momente des Vorführens und des Handwerkeins ein sowie in das Handwerkeln Momente wirklichen Erlebens oder Vorführens. Bei jeder einzelnen Aufführung und in jeder einzelnen Rolle durchdringen sich wie in einem Kaleidoskop alle drei Richtungen; eine Zeitlang lebt der Schauspieler auf der Bühne aufrichtig, doch plötzlich verfehlt er den richtigen Weg und fängt an vorzuführen oder einfach Worte zu schwätzen und auf gewohnte Handwerklerart zu grimmassieren usw. Es kommt ganz darauf an, wie sehr in jedem Einzelfall, in jedem Theater, bei jeder Aufführung, Inszenierung und Darstellung echtes Schaffen vorliegt und darüber hinaus nur schauspielerisches Vorführen oder einfaches Handwerkeln. (Künstlertheater II, S. 9 ff.)

5. Handlung – "Wenn" – Vorgeschlagene Situationen – Phantasie

Auf der Bühne muß man handeln. Handlung, Aktivität - das ist es, worauf die dramatische Kunst, die Kunst des Schauspielers basiert. Das Wort 'Drama' bedeutet im Altgriechischen 'sich vollziehende Handlung'. Im Lateinischen entspricht ihm ein Wort, dessen Wurzel in unsere Worte 'Aktivität', 'Akt', 'Akteur' übergegangen ist. Also: Das Drama auf der Bühne ist die sich vor unseren Blicken vollziehende Handlung, und der Schauspieler, wenn er auf die Bühne hinaustritt, wird zu einem Handelnden. ...

Die Regungslosigkeit eines auf der Bühne Sitzenden ist noch kein Maßstab für seine Passivität. ... Man kann regungslos sein und trotzdem wirklich handeln, freilich nicht äußerlich, nicht physisch, sondern innerlich - psychisch. Und nicht nur das. Oft genug resultiert physische Regungslosigkeit aus gesteigerter innerer Aktivität, die in der Kunst so besonders wesentlich und interessant ist. Darum will ich meine Formel ein wenig ändern und sie so formulieren: Auf der Bühne muß man handeln - innerlich und äußerlich. Darin erfüllt sich einer der wesentlichsten Grundgedanken unserer Kunst, der Gedanke der Aktivität und Wirksamkeit unseres Bühnenschaffens. ...

Auf der Bühne darf man nicht 'allgemein' handeln, um des Handelns willen, sondern das Handeln muß begründet, zweckmäßig und produktiv sein. ...

Man kann kein Gefühl aus sich herauspressen, man kann nicht lieben, leiden, eifersüchtig sein um der Liebe, um des Leidens, um der Eifersucht willen. Man kann die Gefühle nicht vergewaltigen. Das läuft auf widerwärtigste Komödianterei hinaus. Und so lassen Sie denn bei der Wahl einer Handlung Ihr Gefühl in Ruhe. Es meldet sich ganz von selbst als Reaktion auf einen Vorgang, der Liebe, Leid und Eifersucht erst auslöst. Konzentrieren Sie Ihre Gedanken auf diesen Vorgang und trachten Sie danach, ihn in Ihrer Umgebung zu schaffen. Um das Resultat machen Sie sich keine Sorgen. ... Der wahre Schauspieler muß ... nicht die äußeren Erscheinungsformen der Leidenschaft nachäffen, nicht die Gestalten von außen kopieren, nicht nach dem Schauspielerritus mechanisch mimen, sondern menschlich wahrhaftig handeln. Man kann nicht Leidenschaften und Gestalten spielen, sondern man muß unter dem Einfluß der Leidenschaften in der Gestalt handeln. ...

(Der Lehrer erzählt, ... eine Schülerin feiere heute ihren Einzug in eine neue Wohnung und habe dazu Schulfreunde und Bekannte eingeladen.) ...
Leider stellt sich heraus, daß die Wohnung sehr kalt ist. Die Fenster sind noch nicht winterfest, das Holz noch nicht angefahren, die Räume sind durch den plötzlichen Frost so ausgekühlt, daß man unmöglich so bedeutende Gäste darin empfangen kann. Was tun? Sie haben sich bei Nachbarn Holz ausgeborgt, haben im Wohnzimmer Feuer gemacht, aber der Kamin will nicht brennen, er qualmt. Sie mußten die Holzscheite mit Wasser ablöschen und in aller Eile den Ofensetzer holen. Bis dieser den Schaden repariert hat, ist es draußen schon dunkel geworden. Jetzt, wo man den Kamin heizen könnte, ist das Holz naß, es will nicht brennen. Und jeden Augenblick müssen die Gäste kommen. ... Und nun sagen Sie mir, was Sie tun würden, wenn diese Situation wirklich eintreten würde. ...
Diesmal kann ich Ihnen sagen, ... daß Sie wahrhaftig gehandelt haben, das heißt zweckmäßig und produktiv. Und was hat Sie dazu gebracht? Das eine kleine Wörtchen 'wenn'. ...
Sie haben an einem gelungenen Versuch gesehen und selber erfahren, wie die inneren und äußeren Handlungen durch das "Wenn' organisch, normal, natürlich, ganz von selbst entstehen. ...
Es zeichnet sich vor allem dadurch aus, daß es jedes schöpferische Schaffen einleitet. ... Das 'Wenn' ist für Künstler der Umschalthebel, der uns aus der Wirklichkeit in jene Welt versetzt, in der sich einzig und allein das Schaffen vollziehen kann. ...
In komplizierten Theaterstücken verflechten sich eine große Anzahl verschiedener, sowohl vom Autor als auch von anderer Seite stammender 'Wenns' miteinander, die diese oder jene Reaktion, diese oder jene Handlungsweise der betreffenden Person rechtfertigen. Wir haben es nicht mehr mit einschichtigen, sondern mit mehrschichtigen 'Wenns' zu tun, das heißt mit einer großen Anzahl von Voraussetzungen und ergänzenden Einfällen, die sich sinnreich verflechten. Da sagt sich der Autor beim Schreiben: 'Wenn die Handlung zu der und der Zeit spielt, in dem und dem Land, an dem und dem Ort, in dem und dem Hause; wenn dort so geartete Menschen, mit diesen und jenem inneren Veranlagungen, mit

diesen und jenen Gedanken und Gefühlen leben; wenn sie unter den und jenen Umständen aufeinanderstoßen...' und so weiter. ...

Das Geheimnis der Wirkung des 'Wenn' liegt auch noch darin, daß es nicht von einer realen Tatsache spricht, nicht von dem, was ist, sondern nur von dem, was sein könnte... 'wenn'. ... Dieses Wort stellt keine Behauptung auf. Es nimmt nur an, es stellt die Frage zur Entscheidung. Und die Antwort darauf versucht der Schauspieler zu geben. ... Da ist noch eine weitere Eigenschaft des 'Wenn'. ... Es ruft im Schauspieler eine äußere und eine innere Aktivität hervor, sie wird ohne Zwang erreicht, auf natürlichem Wege. Das Wort 'wenn' hat Stoßkraft, es ist der Auslöser der schöpferischen Aktivität in unserem Innern. ... Es gibt den ersten Anstoß zur weiteren Entwicklung des Wachsens einer Rolle.

Wie dieser Prozeß verläuft, soll Ihnen statt meiner Alexander Sergejewitsch Puschkin sagen: 'Die Echtheit der Leidenschaften, die Wahrscheinlichkeit der Empfindungen unter den vorausgesetzten Situationen - das ist es, was unser Verstand vom Dramatiker verlangt.'

Ich kann nur von mir aus hinzufügen, daß unser Verstand genau das gleiche auch vom Schauspieler fordert, nur daß die Situationen, die der Dichter angenommen hat, für uns Schauspieler bereits festliegen, also die uns vom Dichter vorgeschlagen sind. Und so hat sich bei unserer praktischen Arbeit der Terminus 'vorgeschlagene Situationen' eingebürgert, den wir nun auch benutzen wollen. ...

Vor allem muß klarwerden, was unter den 'vorgeschlagenen Situationen' zu verstehen ist. ...

Das sind die Fabel des Stücks, die Tatsachen, Ereignisse, das Zeitalter, in dem es spielt, Ort und Zeit der Handlung, die Lebensumstände, die Auffassung des Schauspielers und des Regisseurs vom Stück, die Ergänzungen, die sie hinzugefügt haben, das Arrangement, die Form der Inszenierung, die Dekorationen und Kostüme, die Requisiten, Beleuchtung, Geräuscheffekte und alle übrigen Umstände, die den Schauspielern gegeben sind.

Die 'vorgeschlagenen Situationen' sind wie das 'Wenn' eine Annahme, ein 'Phantasiegebilde'. Sie sind gleichen Ursprungs: Sie sind dasselbe wie das 'Wenn', das 'Wenn' ist dasselbe wie die 'vorgeschlagenen Situationen'. Das eine ist die Annahme ('wenn'), das andere die Ergänzung dazu (die 'vorgeschlagenen Situationen'). Das 'Wenn' leitet immer das Schaffen ein, die 'vorgeschlagenen Situationen' entwickeln es. Eins kann ohne das andere nicht bestehen, nicht den nötigen Auftrieb bekommen. Aber die

Funktionen sind ein wenig verschieden: das 'Wenn' versetzt der schlummernden Phantasie einen Stoß, die Vorgeschlagenen Situationen1 aber geben dem 'Wenn' die eigentliche Begründung. ...

'In den vorgeschlagenen Situationen liegt die Echtheit der Leidenschaften.' Mit anderen Worten: Schaffen Sie erst die 'vorgeschlagenen Situationen', versuchen Sie ehrlich daran zu glauben, dann entsteht die 'Echtheit der Leidenschaften' von selbst. ...

In der Praxis sieht es ... folgendermaßen aus: Erst einmal werden Sie sich auf Ihre Weise alle vorgeschlagenen Situationen vorstellen müssen, die aus dem Stück selbst, aus den Anweisungen des Regisseurs und aus Ihrer eigenen schauspielerischen Phantasie stammen. Das gesamte Material wird eine allgemeine Vorstellung vom Leben der darzustellenden Gestalt in ihrer Umwelt geben. ... Man muß ganz aufrichtig an die reale Möglichkeit eines solchen Lebens in der realen Wirklichkeit glauben können: man muß sich so weit daran gewöhnen, daß man mit diesem fremden Leben ganz und gar vertraut wird. Wenn Ihnen das gelingt, entsteht in Ihrem Innern ganz von selbst Echtheit der Leidenschaften oder Wahrscheinlichkeit der Empfindungen. ...

Das Geheimnis dieses Prozesses liegt darin, daß das eigene Gefühl keineswegs vergewaltigt, sondern ganz und gar sich selbst überlassen werden soll, ohne daß man dabei an die 'Echtheit der Leidenschaften' denkt. Denn diese Leidenschaften hängen nicht von uns ab, sie kommen ganz von selbst und fügen sich nicht gewaltsamen Befehlen. ...

Nach dem 'Wenn' und den 'vorgeschlagenen Situationen' werden wir heute über die innere und äußere Handlung auf der Bühne sprechen.

Aktivität zeigt sich auf der Bühne in der Handlung, und in der Handlung ist das Wesen der Rolle verkörpert, das Erleben des Schauspielers und die innere Welt des Stückes. Nach den Handlungen und dem Verhalten beurteilen wir die auf der Bühne dargestellten Menschen, wir verstehen, wer sie sind. ...

Wenn der Schauspieler sein Tun nicht für notwendig hält, wenn die Rolle, wenn seine ganze Kunst nicht einer großen Aufgabe gewidmet sind, dann sind die Handlungen leer, nicht durchlebt, sie sagen nichts Wesentliches aus. Es bleibt dann nichts anderes übrig, als 'allgemein' zu handeln. Wenn der Schauspieler leidet, um zu leiden, wenn er liebt, um zu lieben, wenn er eifersüchtig ist oder um Gnade fleht, um eifersüchtig zu sein oder um Gnade zu flehen, wenn alles nur gemacht wird, weil es nun einmal im Stück steht und nicht, weil es im Innersten erlebt und das Leben der Rolle auf der Bühne daraus geboren wurde, dann hat der Schauspieler keinerlei inneren Spielraum, und das 'Allgemeinspielen' bleibt der einzige Ausweg. Was für ein fürchterliches Wort: 'allgemein'! Wieviel Unordnung, Unkonkretheit, Unmotiviertheit, Schlamperei enthält es doch!

Wollen Sie etwas 'allgemein' essen? Wollen Sie 'allgemein' reden, lesen, 'allgemein' fröhlich sein?

Wie langweilig und inhaltlos sind doch solche Angebote ! ... Spielen Sie mir Liebe, Eifersucht, Haß 'im allgemeinen' vor !

Was würde es bedeuten? Ein Sammelsurium aus diesen Leidenschaften und ihren Bestandteilen? Und gerade das, dieses Sammelsurium aus Leidenschaften, Gefühlen, Gedanken, folgerichtigen Handlungen und Rollengestalt bieten uns auf der Bühne die Schauspieler 'im allgemeinen'.

Besonders komisch ist, daß sie sich ehrlich erregen und ihr Spiel 'im allgemeinen' als stark empfinden. Sie lassen sich nicht davon überzeugen, daß keine Leidenschaft, kein Erleben, kein Gedanke vorhanden ist, sondern eben nur ein Sammelsurium aus allem. Diese Schauspieler geraten in Schweiß, regen sich auf, sind hingerissen vom Spiel, obwohl ihnen gar nicht klar ist, was sie eigentlich so aufregt und entzückt. Das ist eben. ... 'Theater-Emotion'. ... Es ist die Erregung 'im allgemeinen'. ... Das 'Allgemeine' ist chaotisch und sinnlos. Bringen Sie Logik und Folgerichtigkeit in Ihre Rolle, es wird die schlechten Eigenschaften des 'Allgemeinen' verdrängen. Das 'Allgemeine' tippt alles an, aber es führt nichts zu Ende. Bringen Sie Abrundung und Vollendung in Ihr Spiel. ...

Die Aufgabe des Schauspielers besteht darin, das erdachte Gebilde 'Stück' in künstlerische Bühnenwirklichkeit umzusetzen. In diesem Prozeß spielt unsere Phantasie eine entscheidende Rolle. ... Die landläufige Phantasie schöpft aus dem, was ist, was vorkommen kann, was wir kennen. Die schöpferische Phantasie aber schafft etwas, was nicht da ist, was wir in der Wirklichkeit nicht kennen, was niemals war und niemals sein wird. Oder was vielleicht doch einmal sein wird, wer weiß! Als die Volksphantasie den fliegenden Teppich des Märchens schuf, wäre es ja auch noch keinem in den Sinn gekommen, daß die Menschen einst in Flugzeugen durch die Luft schweben werden. Schöpferische Phantasie weiß alles und kann alles. Sie ist für den Künstler genauso unentbehrlich wie die landläufige Phantasie, die Vorstellungskraft. ...

Gibt der Dramatiker den Schauspielern alles, was sie vom Stück wissen müssen? Nein, es muß vom Schauspieler selbst ergänzt und vertieft werden. Erst dann wird die Absicht des Autors und der übrigen Schöpfer einer Aufführung lebendig werden und die Seele des Darstellers auf der Bühne und des Zuschauers im Parkett bis in die entferntesten Winkel zum Schwingen bringen. Erst dann wird das Innenleben der darzustellenden Person in seiner ganzen Fülle vom Schauspieler erlebt werden, erst dann handelt er so, wie es der Autor, der Regisseur und das eigene lebendige Gefühl ihm eingeben.

Bei dieser Arbeit ist die Phantasie mit ihrem 'magischen Wenn' und den 'vorgeschlagenen Situationen' unser bester Assistent. Sie ergänzt nicht nur, was Autor, Regisseur und die übrigen offengelassen haben, sie belebt auch die Arbeit aller an der Aufführung Beteiligten, deren Werk erst durch den Erfolg des Schauspielers beim Publikum ankommt. ...

Es gibt eine Phantasie mit Initiative, die selbständig arbeitet. Sie läßt sich ohne große Anstrengung entwickeln und arbeitet hartnäckig, unermüdlich im Wachen und im Träumen. Es gibt eine Phantasie, die zwar keine Initiative hat, aber alles sehr leicht auffaßt, was man ihr souffliert. Sie entwickelt das Vorgesagte dann selbständig weiter. Auch mit dieser Phantasie hat man es noch verhältnismäßig leicht. Aber wenn die Phantasie zwar aufnimmt, doch das Aufgenommene nicht entwickelt, wird die Arbeit schon schwieriger. Es gibt auch Menschen, die selber nichts schaffen und auch das, was man ihnen vorsagt, nicht aufnehmen. Wenn ein Schauspieler von dem was ihm geboten wird, nur die äußere, formale Seite auffaßt, ist es ein Zeichen dafür, daß er keine Phantasie besitzt. Ohne Phantasie kann man aber kein Künstler sein. ... In jedem Augenblick auf der Bühne, in jedem Augenblick der äußeren und inneren Entwicklung des Stückes, der Handlung muß der Schauspieler sehen, was außerhalb seiner selbst auf der Bühne vorgeht (das heißt die äußeren gegebenen Umstände, die vom Regisseur, Bühnenbildner und den übrigen Schöpfern der Aufführung geschaffen worden sind) und was innen, in seiner eigenen Phantasie vorgeht, das heißt jene Bilder, die die 'vorgeschlagene Situation' illustrieren. Aus diesen Momenten entsteht - teils in uns, teils außerhalb von uns - ein ununterbrochener unendlicher Streifen innerer und äußerer Bildmomente, eine Art Film. Während des Schaffens läuft er pausenlos ab und wirft auf die Leinwand unserer inneren Sicht die illustrierten 'vorgeschlagenen Situationen' der Rolle, unter denen der Darsteller der Rolle auf der Bühne auf eigene Verantwortung lebt.

Diese Bilder werden uns innerlich in die entsprechende Stimmung versetzen. Die Stimmung wird ihren Einfluß auf Ihre Seele ausüben und das entsprechende Erlebnis hervorrufen. Übrigens Vorstellungsbilder! Ist es eigentlich richtig zu behaupten, daß wir sie in unserem Innern empfinden? Wir haben die Fähigkeit, etwas zu sehen, was in Wirklichkeit nicht vorhanden ist, was wir uns nur vorstellen. ...

Die Umrisse der Bilder entstehen in uns, in unserer Phantasie, in unserem Gedächtnis. Sie bieten sich uns dann außerhalb unserer selbst gleichsam zur Durchsicht. Aber wir sehen diese vorgestellten Objekte von innen heraus an, sozusagen nicht mit den äußeren, sondern mit den inneren Augen, mit der inneren Sicht. ...

Der Filmstreifen der inneren Bilder soll uns stets in entsprechenden, dem Stück analogen Stimmungen erhalten. Die Stimmungen sollen uns tragen und die entsprechenden Erlebnisse, Sehnsüchte, Impulse und sogar Handlungen in uns auslösen. Das ist der Grund, weshalb Sie für jede Rolle keine einfachen, sondern illustrierte Vorgeschlagene Situationen' brauchen. ... Jeder Einfall der Phantasie muß genau begründet und fest fundiert sein. Die Fragen wer, wann, wo, warum, zu welchem Zweck, wie, die wir uns stellen, um die Phantasie anzuregen, schaffen nach und nach ein immer genaueres Bild des gedachten, imaginären Lebens. Es gibt natürlich Fälle, in denen dieses Bild von selbst, ohne Mithilfe der bewußten Verstandesarbeit, ohne Suggestivfragen, sondern intuitiv entsteht. Sie haben sich aber selbst davon überzeugen können, daß man auf die Aktivität der sich selbst überlassenen Phantasie nicht vertrauen kann, selbst dann nicht, wenn ein bestimmtes Thema zum Phantasieren gegeben ist. Das Phantasieren 'im allgemeinen' - ohne ein bestimmtes und fest umrissenes Thema - ist aber fruchtlos.

Wenn man indessen an die Erschaffung eines Phantasiegebildes mit Hilfe des Verstandes herangeht, entsteht sehr häufig nur eine vage, blasse Vorstellung. Das ist zu wenig für ein Bühnenschaffen, das vom Schauspieler als Künstler und Mensch verlangt, daß sein ganzes Wesen, sein lebendiger Organismus nicht nur der psychische, sondern auch der physische - zu 'kochen' beginnt und sich ganz der Rolle hingibt. Was tut man da? Stellen Sie eine weitere, Ihnen jetzt schon gut bekannte Frage: 'Was würde ich tun, wenn mein Einfall Wirklichkeit würde?' Sie wissen bereits aus Erfahrung, daß Sie Ihre schauspielerische Natur drängen wird, diese Frage mit einer Handlung zu beantworten. Die Handlung ist ein guter Ansporn für die Phantasie, selbst wenn sie fürs erste noch nicht in die Tat umgesetzt wird, sondern vorläufig noch unausgeführt bleibt. Wesentlich ist, daß der Drang zum Handeln hervorgerufen worden ist, daß wir ihn nicht nur psychisch, sondern auch physisch empfinden. Diese Empfindung befestigt den Einfall.

Man muß sich unbedingt bewußt werden, daß das Phantasieren, das körper- und gestaltlos ist, die Eigenschaft hat, reflexartig Handlungen unseres Körpers auszulösen. Diese Eigenschaft spielt eine große Rolle in unserer Psychotechnik. ... Jede unserer Bewegungen auf der Bühne, jedes unserer Worte muß das Resultat eines richtigen Lebens unserer Phantasie sein. Wenn Sie auf der Bühne ein Wort mechanisch sagen oder etwas mechanisch tun, ohne zu wissen, wer Sie sind, woher und warum Sie kommen, was Sie hier brauchen, wohin sie gehen und was Sie dort tun werden, dann haben Sie phantasielos gehandelt, und Ihr Aufenthalt auf der Bühne, ob kurz oder lang, war für Sie keine Wahrheit - Sie handelten wie ein aufgezogener Mechanismus, wie ein Automat. (Erleben, S. 45 ff.)

6. Aufmerksamkeit – Wechselbeziehung – Anpassung

Das Geheimnis ist ... ganz einfach: Um den Zuschauerraum zu vergessen, muß man sich für das interessieren, was auf der Bühne vorgeht. ... Der Schauspieler braucht ein Objekt für seine Aufmerksamkeit, ... nicht im Zuschauerraum, sondern auf der Bühne. Und je interessanter dieses Objekt ist, um so größere Macht übt es auf die Aufmerksamkeit des Schauspielers aus. ...

Die Konzentration auf ein Objekt löst das natürliche Bedürfnis aus, sich damit zu beschäftigen. Und die Handlung konzentriert die Aufmerksamkeit dann noch stärker auf das Objekt. Indem also die Aufmerksamkeit mit der Handlung zusammenfließt und verknüpft wird, entsteht eine feste Beziehung zum Objekt. ...

Das sehende und wahrnehmende Auge des Schauspielers fesselt die Aufmerksamkeit der Zuschauer und lenkt sie auf das Objekt, das sie betrachten sollen. Der leere Blick des Schauspielers lenkt dagegen die Aufmerksamkeit des Zuschauers von der Bühne ab. ...

Bisher hatten wir es mit Objekten in Form von Punkten zu tun. Jetzt zeige ich Ihnen den sogenannten Kreis der Aufmerksamkeit. Es ist kein Punkt, sondern ein ganzer Kreis von beschränktem Umfang. Er enthält viele selbständige Objekte. Der Blick wandert von einem zum anderen, bleibt aber stets innerhalb der Grenzen des Kreises. ...

Dieser Lichtkegel auf dem Tisch bezeichnet den ... Kreis der Aufmerksamkeit. Sie selbst, oder besser Ihre Köpfe und Arme, die in dem Lichtkreis gefangen sind, befinden sich in seinem Zentrum. ...

Gerät man bei vollständiger Dunkelheit in einen Lichtkreis, fühlt man sich sofort von allem isoliert. ... Man vergißt, daß man aus der Dunkelheit von vielen Augen und von allen Seiten beobachtet wird. ...

Genau wie bei konzentrierter Aufmerksamkeit ist es in einem eng begrenzten Lichtkreis nicht nur einfach, die Gegenstände bis ins Detail zu betrachten, sondern auch in seinen geheimsten Gefühlen und Gedanken zu leben und die schwierigsten Handlungen auszuführen: man kann komplizierte Aufgaben lösen, den Gedanken und Gefühlen bis in jede Verästelung nachgehen; man kann mit einem anderen Menschen Kontakt haben, auf ihn eingehen, ihm die verschwiegensten Gedanken anvertrauen, Bilder der Vergangenheit wachrufen, von der Zukunft träumen. ...

Der Zustand, in dem Sie sich jetzt befinden, heißt in unserer Sprache 'öffentliche Einsamkeit'. Er ist öffentlich, weil wir alle um Sie herum dabei sind; er ist Einsamkeit, weil Sie der kleine Kreis der Aufmerksamkeit isoliert. Während der Vorstellung, unter den Blicken einer tausendköpfigen Menge, können Sie sich immer in Ihre Einsamkeit zurückziehen, wie die Schnecke in ihr Gehäuse. ...

Bis jetzt hatten wir es mit einer Aufmerksamkeit zu tun, die auf Objekte außerhalb unserer selbst gerichtet war, wobei diese Objekte tot waren, vom 'Wenn', von den 'vorgeschlagenen Situationen', vom Einfall der Phantasie nicht erwärmt und durchpulst. Wir brauchten die Aufmerksamkeit um der Aufmerksamkeit, das Objekt um des Objektes willen. Jetzt wollen wir uns nicht mit den Objekten des äußeren wirklichen Lebens beschäftigen, sondern mit denen des inneren, von der Phantasie geschaffenen Lebens und mit der auf sie gerichteten Aufmerksamkeit. ...

Die innere Aufmerksamkeit auf der Bühne wird dauernd durch die Erinnerung an das persönliche, menschliche Leben des Schauspielers vom Leben der Rolle abgelenkt. Darum geht auch im Bereich der inneren Aufmerksamkeit ein ständiger Kampf zwischen der für die Rolle richtigen und falschen, zwischen der nützlichen und schädlichen Aufmerksamkeit vor sich. Die schädliche Aufmerksamkeit lenkt uns von der richtigen Linie ab und führt uns entweder über die Rampe hinaus in den Zuschauerraum oder gänzlich weg vom Theater. ...

Bei den vielen verwirrenden Begleitumständen des öffentlichen Schaffens, unter den Blicken einer tausendköpfigen Menge, ist es schwer, das ganze Wesen auf das labile innere Objekt zu konzentrieren, man lernt nur mit Mühe, es auf der Bühne mit dem inneren Auge zu sehen. Gewohnheit und Arbeit indessen überwinden alle Hindernisse. ...

Der Schauspieler muß nicht nur auf der Bühne, sondern auch im Leben aufmerksam sein, er muß sich mit seinem ganzen Wesen auf alles konzentrieren, was ihn anzieht. Sein Sehen darf nicht so flüchtig sein wie das eines oberflächlichen Betrachters, sondern muß in die Tiefe des jeweiligen Objekts eindringen.

Ohne intensives Beobachten wäre unsere schöpferische Methode einseitig, unecht, lebensfern, ohne Verbindung mit der Gegenwart.

Es gibt Menschen mit natürlicher Beobachtungsgabe. Sie bemerken unwillkürlich, ohne Willensanstrengung alles, was um sie herum vorgeht. Es prägt sich fest in ihr Gedächtnis ein. Ihnen ist es gegeben, die wichtigste, interessanteste, typischste, farbigste Seite herauszufinden. Wenn man solche Menschen erzählen hört, erkennt und begreift man Dinge, die der Aufmerksamkeit der unachtsamen Menschen entgehen, die nicht sehen, nicht erkennen und das Geschaute nicht plastisch wiedergeben können.

Leider verfügen bei weitem nicht alle über diese für den Schauspieler notwendige Aufmerksamkeit, die das Wesentliche und Charakteristische im Leben zu sehen vermag. ... Die Menschen können am Gesicht, an den Augen, am Klang der Stimme nicht ablesen, in welcher Stimmung ihr Gesprächspartner ist. Sie verstehen nicht, die komplizierte Wahrheit des Lebens aktiv zu sehen und wahrzunehmen, sie können nicht aufmerksam lauschen und das Erlauschte wirklich in sich aufnehmen. Wenn sie es könnten, wäre das Schaffen unendlich reicher, feiner und tiefer. Man kann aber keinem Menschen geben, was ihm die Natur versagt hat; man kann nur zu entwickeln und zu ergänzen versuchen, was in ihm ist, und sei es auch nur wenig. Im Bereich der Aufmerksamkeit erfordert diese Tätigkeit eine Menge Arbeit und Zeit, starken Willen und systematische Übung. ...

Die Natur sollten Sie besonders genau beobachten. Betrachten Sie ebenso gründlich die Werke der Kunst - Literatur, Musik, Museumsstücke, schöne Gegenstände, alles, was Ihnen vor die Augen kommt und zur Ausbildung eines guten Geschmacks und der Liebe zum Schönen beiträgt.

Tun Sie es aber nicht mit dem kalten Blick des Analytikers, nicht mit dem Bleistift in der Hand! Der wahre Künstler ist leidenschaftlich durchglüht von allem, was um ihn herum vorgeht. Er ist besessen vom Leben, das zum Objekt seiner intensiven Beobachtung wird. Begierig nimmt er alles Gesehene in sich auf, versucht festzuhalten, was er innerlich gewonnen hat - nicht im Notizbuch, wie ein Statistiker, sondern im Herzen, wie ein Künstler. Was er gewinnt, ist ja lebendiges, durchblutetes, schöpferisches Material. Kurz - es ist in der Kunst nicht möglich, kalt und unbeteiligt an die Arbeit heranzugehen. Wir brauchen einen gewissen Grad innerer Erwärmung, wir brauchen sinnliche Aufmerksamkeit. ...

Stellen Sie sich ... Fragen und versuchen Sie diese Fragen ehrlich und aufrichtig zu beantworten. Wer, was, wann, wo, warum, wozu geht das vor, was Sie beobachten? Bezeichnen Sie mit Worten, was Sie an der Wohnung, am Zimmer, an den Gegenständen, die Sie interessieren, schön und typisch finden, was den Besitzer am deutlichsten charakterisiert. Wenn Sie gelernt haben, das Leben, das Sie umgibt, zu beobachten und schöpferisches Material auszusuchen, müssen Sie an die Erforschung des Materials gehen, das wir am dringendsten brauchen, auf dem unsere

Kunst in der Hauptsache basiert. Ich meine die Emotionen, die wir aus der persönlichen, unmittelbaren, von Herz zu Herz gehenden Beziehung zu lebendigen Objekten, also aus der Beziehung zu Menschen, gewinnen. Das emotionale Material ist besonders wertvoll, weil das geistige Leben der Rolle daraus zusammengesetzt ist - und das ist ja die wesentlichste Aufgabe unserer Kunst. Es ist besonders schwierig, dieses Material aufzuspüren, weil es unsichtbar, nicht faßbar, nicht zu bezeichnen und nur innerlich fühlbar ist. ...

Es kommt auch vor, daß das Innenleben des beobachtenden Menschen nicht unserem Verstand, sondern nur der Intuition zugänglich ist. In solchen Fällen muß man versuchen, in die Tiefen der menschlichen Seele einzudringen und dort gewissermaßen mit den Fühlern des eigenen Empfindens Material für die schöpferische Arbeit zu sammeln. (Erleben, S. 91 ff.)

Der Schauspieler ist ein Mensch mit menschlichen Schwächen. Wenn er auf die Bühne kommt, bringt er natürlich auch seine eigenen Gedanken, seine persönlichen Gefühle, die aus der realen Wirklichkeit stammenden Überlegungen mit. Darum reißt auch auf dem Theater die Linie seines Alltags nicht ab, sondern schleicht sich bei der ersten Gelegenheit teilweise mit in das Erleben der darzustellenden Personen ein. Der Schauspieler gibt sich der Rolle nur in den Augenblicken hin, wo sie ihn mitreißt. Da verschmilzt er mit der Person des Stücks, da geht eine schöpferische Verwandlung mit ihm vor. Doch sobald er sich etwas von der Rolle ablenken läßt, ergreift ihn die Linie seines eigenen menschlichen Alltags wieder, trägt ihn entweder über die Rampe hinweg in den Zuschauerraum oder weit aus dem Theater hinaus und sucht sich dort Objekte für geistige Wechselbeziehung. In solchen Augenblikken wird die Rolle äußerlich, mechanisch wiedergegeben. Durch solche häufigen Ablenkungen wird die Linie des Lebens und der Wechselbeziehung alle Augenblicke unterbrochen, und die leeren Stellen werden durch Ergänzungen aus dem Privatleben des Schauspielers aufgefüllt, die in keiner Beziehung zur Rollengestalt stehen. ...

Was nützt so eine durchlöcherte Linie der Wechselbeziehung? Das ständige Abreißen der Lebenslinie einer Rolle bedeutet deren dauernde Verstümmelung oder Mord. ...

Ganz anders ist es, wenn die handelnden Personen auf der Bühne zusammenkommen und einer dem anderen seine Gefühle mitteilen und ihn von seinen Gedanken überzeugen will, während der andere bereit ist, diese Gedanken und Gefühle in sich aufzunehmen.

Ist der Zuschauer bei solchem Geben und Nehmen der Gefühle und Gedanken zweier oder mehrerer Personen zugegen, so wird er wie der Zaungast eines Gesprächs unwillkürlich auf ihre Worte und Handlungen achtgeben. Damit nimmt er schweigend Anteil an ihrer Wechselbeziehung, sieht, erkennt das fremde Erleben und wird davon berührt.

Daraus folgt, daß die Zuschauer im Theater nur dann die Vorgänge auf der Bühne verstehen und indirekt daran teilnehmen können, wenn dort eine Wechselbeziehung zwischen den handelnden Personen des Stückes besteht. ...

Ich beginne mit der Wechselbeziehung des einzelnen oder mit der Wechselbeziehung zu sich selbst. ... Wann sprechen wir in der realen Wirklichkeit laut mit uns selbst, wann äußert sich die Wechselbeziehung zu uns selbst?

Wenn wir empört sind oder so erregt, daß wir uns nicht mehr beherrschen können; oder wenn wir uns einen schwierigen Gedanken einprägen wollen, den das Bewußtsein nicht auf einmal aufzunehmen vermag. Wir wollen uns durch lautes Wiederholen akustisch helfen. Wir tun es, wenn wir allein sind und ein freudiges oder bedrückendes Gefühl laut äußern, um die Seele dadurch ein wenig zu erleichtern. Solche Wechselwirkungen zu uns selbst sind in der Wirklichkeit sehr selten, aber auf der Bühne kommen sie häufiger vor. ...

Für diesen Vorgang braucht man ein bestimmtes Subjekt und ein bestimmtes Objekt. Wo befinden sie sich in uns? Ohne die beiden miteinander korrespondierenden inneren Zentren kann ich die zerflatternde, ungelenkte Aufmerksamkeit nicht in meinem Inneren festhalten. Es ist also nicht verwunderlich, wenn sie sich in den Zuschauerraum richtet, wo ein unwiderstehliches Objekt - die Masse der Zuschauer - auf uns lauert.

Aber man hat mich gelehrt, die Situation zu meistern. Man machte mich nämlich außer dem bekannten Zentrum unseres Innern, dem Gehirn, auf ein zweites Zentrum aufmerksam: in der Nähe des Herzens, dort, wo das Sonnengeflecht ist. Ich versuchte, die beiden Zentren in ein gegenseitiges Gespräch zu bringen und mir schien, als hätten sie sich nicht nur innerlich abgezeichnet, sondern hätten auch angefangen zu sprechen.

Ich empfand das Gehirnzentrum als den Sprecher des Bewußtseins und das Nervenzentrum des Sonnengeflechts als den Sprecher der Emotion.

Meiner Empfindung nach war es also so, daß der Verstand in Wechselbeziehung zum Gefühl trat. ...

Leider begegnet man einer solchen ununterbrochenen Wechselbeziehung auf dem Theater selten. Wenn sie sich schon ihrer bedienen, tun es die meisten Schauspieler nur, während sie selbst die Worte ihrer Rolle hersagen, sobald sie aber verstummen und die Replik der anderen Person einsetzt, achten sie nicht mehr auf die Gedanken ihres Partners, nehmen sie nicht in sich auf, sondern hören bis zu ihrem nächsten Stichwort einfach auf zu spielen. Diese Angewohnheit zerreißt den ununterbrochenen Fluß der wechselseitigen Beziehung, die Mitteilung und Aufnahme der Gefühle nicht nur beim Aussprechen der Worte und beim Lauschen auf die Antwort verlangt, sondern auch beim Schweigen, währenddessen häufig genug mit Blicken weitergesprochen wird. ...

Ich gehe jetzt zu einer neuen Art der Wechselbeziehung über, der Beziehung zu einem vorgestellten, irrealen, nicht vorhandenen Objekt - zum Beispiel dem Geist von Hamlets Vater. Dieses Objekt ist weder dem Schauspieler auf der Bühne noch dem Zuschauer im Saal sichtbar.

Unerfahrene versuchen bei solchen Objekten eine Halluzination zu erzwingen, um das nicht vorhandene, nur angenommene Objekt wirklich zu sehen. Darauf verschwenden sie ihre ganze Energie und Aufmerksamkeit auf der Bühne.

Erfahrene Schauspieler aber wissen, daß es sich nicht um das eigentliche 'Gespenst' handelt, sondern um die innere Einstellung dazu, und darum setzen sie anstelle des nicht vorhandenen Objekts - des 'Gespenstes' - ihr magisches 'Wenn' ein und bemühen sich um die ehrliche, gewissenhafte Antwort: Wie würde ich handeln, wenn in dem leeren Raum vor mir ein 'Gespenst' stünde.

Nicht minder schwierig ist die Wechselbeziehung zu einem Kollektivobjekt oder, mit anderen Worten, zum Zuschauerraum, den ein tausendköpfiges, im Leben der Gesellschaft 'Publikum' genanntes Wesen ausfüllt. ...

Die Schwierigkeit und Eigenart unserer szenischen Wechselbeziehung liegt ... darin, daß sie sich gleichzeitig zum Partner und zum Zuschauer hin vollzieht. Zum ersteren unmittelbar, bewußt, zum zweiten mittelbar, durch den Partner und unbewußt. Bemerkenswert ist, daß die Beziehung sowohl zum einen als auch zum anderen wechselseitig ist. ...

Bisher hatten wir es mit der äußeren, sichtbaren, körperlichen Wechselbeziehung auf der Bühne zu tun. ... Doch es gibt noch eine andere, wichtigere Art: die innere, unsichtbare, seelische Wechselbeziehung. ...

Die Schwierigkeit... liegt darin, daß ich über etwas zu Ihnen sprechen muß, was ich empfinde, aber nicht weiß, was ich nur in der Praxis erfahren habe, wofür ich weder eine theoretische Formel noch fertige klare Worte besitze, etwas, was ich Ihnen nur andeuten kann mit der Absicht, Sie selbst die Empfindungen fühlen zu lassen, von denen die Rede sein wird. ... Wie soll man diesen unsichtbaren Weg, dieses unsichtbare Mittel der wechselseitigen Beziehung nennen? Strahlensendung und Strahlenempfang? Ausstrahlung und Einstrahlung? In Ermangelung einer anderen Terminologie wollen wir bei diesen Bezeichnungen bleiben, besonders weil sie den Prozeß der Wechselbeziehung... anschaulich illustrieren. ...

Im Zustand der Ruhe ist die sogenannte Strahlensendung und der Strahlenempfang kaum wahrnehmbar. In Augenblicken starker Ekstase, gesteigerter Empfindung aber werden diese Aus- und Einstrahlungen bestimmter und fühlbarer sowohl für den Sender als auch für den Empfänger. ...

Worte fehlten, vereinzelte Laute oder Ausrufe waren nicht möglich, ebensowenig wie Mimik, Bewegung, Handlung. Aber das Auge war da, der Blick. Das ist eine direkte, unmittelbare Beziehung der reinsten Art, aus der Seele zur Seele, aus dem Auge ins Auge oder aus den Fingerspitzen, aus dem Körper, ohne eine dem Auge sichtbare Handlung. ...

Es ist, als sendeten unsere innersten Gefühle und Wünsche Strahlen aus, die aus den Augen, aus dem Körper hervordringen und sich über andere Menschen ergießen. ...

Wenn man mit Hilfe irgendeines Apparates diesen Vorgang der Strahlensendung sehen könnte, wie er an schöpferischen Höhepunkten zwischen Bühne und Zuschauerraum vor sich geht, so würden wir staunen, daß unsere Nerven einen so starken, intensiven Strom aushalten, wie wir ihn in den Zuschauerraum senden und von den tausend lebendigen Organismen dort zurückempfangen!

Daß unsere Substanz ausreicht, einen riesigen Raum, etwa den unseres 'Großen Theaters', mit unserer Ausstrahlung zu erfüllen! Unfaßbar! Der arme Schauspieler! Um Gewalt über den Zuschauerraum zu bekommen, muß er ihn mit den unsichtbaren Wellen seines eigenen Gefühls oder Willens ausfüllen! ... Warum ist es schwer, in großen Räumen zu spielen? Keineswegs, weil man dort die Stimme anstrengen und die Handlung steigern muß. Nein! Wer das bühnenmäßige Sprechen beherrscht, den wird es nicht schrecken. Schwierig ist das Ausstrahlen! (Erleben, S. 220 ff.)

Mit diesem Wort 'Anpassung' wollen wir ... sowohl die inneren als auch die äußeren Kunstgriffe bezeichnen, mit deren Hilfe die Menschen sich bei der Wechselbeziehung einander anpassen und auf das Objekt einwirken.

In anderen Fällen verschleiern wir mit Hilfe derselben Anpassung sowohl unser Gefühl als auch unseren Zustand. Ein empfindlicher, stolzer Mensch spielt den Liebenswürdig-Verbindlichen, um das Gefühl der Kränkung zu verbergen; der Untersuchungsrichter verdeckt durch Anpassung geschickt seine wahre Einstellung dem Angeklagten gegenüber.

Anpassung ist einer der wichtigsten Kunstgriffe jeder Wechselbeziehung, sogar der Wechselbeziehung zu sich selbst, denn auch sich selbst und seinem inneren Zustand muß man sich unbedingt anpassen, um sich etwas beizubringen oder einzureden. Je komplizierter die Aufgabe und das wiederzugebende Gefühl sind, um so feiner und eindringlicher müssen auch die Anpassungen, um so vielfältiger ihre Funktionen und Arten sein. ...

Die Menschen verkehren miteinander mit Hilfe ihrer Sinnesorgane, mit Hilfe der sichtbaren und unsichtbaren Mittel der Wechselbeziehung, das heißt, der Augen, der Mimik, der Stimme, der Bewegung der Arme, Hände, des Körpers und auch mit Hilfe der Strahlensendung. Dazu brauchen sie für jeden einzelnen Fall die entsprechende Anpassung. ... Wenn schon die Menschen im Leben unendlich viel Anpassungen brauchen, so benötigen die Schauspieler auf der Bühne noch weit mehr, da sie ununterbrochen in Wechselbeziehung stehen und sich darum die ganze Zeit über anpassen. Dabei spielt die Eigenart der Anpassung selbst eine große Rolle: ihre Deutlichkeit, Farbigkeit, Ungehemmtheit, Feinheit, Durchsichtigkeit, Eleganz, ihr Geschmack. ...

Man muß verstehen, sich der Zeit, den Umständen, jedem einzelnen Menschen individuell anzupassen. Hat man es mit einem einfältigen Menschen zu tun, so muß man sich seiner Denkfähigkeit anpassen, muß die einfachste Form der Aussage finden, die seinem Geist, seinem Verständnis entspricht. Ist dagegen das Objekt der Wechselbeziehung ein schlauer Kopf, muß man behutsamer vorgehen, feinere Anpassungen suchen, damit er die List nicht durchschaut und der Wechselbeziehung nicht ausweicht, und so fort.

Wie wichtig die Rolle der Anpassung in der schöpferischen Arbeit ist, läßt sich daran ermessen, daß viele Schauspieler von mittlerer Erlebniskraft, aber mit deutlichen Anpassungen auf der Bühne das innere 'Leben

66

des menschlichen Geistes' tiefer empfinden lassen als andere, die zwar stärker und tiefer empfinden, aber nur über blasse Anpassungen verfügen. ...
 · Wie hell leuchten die unbewußten Anpassungen auf den Brettern! Wie
reißen sie die Partner mit, die in Wechselbeziehung stehen, wie prägen sie
sich dem Gedächtnis der Zuschauer ein! Ihre Wirkung liegt in ihrer über-
raschenden, kühnen und wagemutigen Anwendung. Während man dem
Spiel des Schauspielers, seinen Taten und Handlungen auf der Bühne
folgt, erwartet man, daß er an der bestimmten wichtigen Stelle der Rolle
seinen Text laut, deutlich und ernsthaft bringt. Und stattdessen spricht er
ihn plötzlich, ganz unerwartet, beiläufig, lustig, kaum hörbar und vermittelt damit die Originalität seines Gefühls. Das Überraschende besticht und
überwältigt derartig, daß diese Auffassung der betreffenden Stelle als die
einzig mögliche erscheint. 'Daß ich diese verborgene Bedeutung der Stelle
nicht selbst entdeckt habe!' sagt sich der Zuschauer erstaunt und bewun-
dert die unerwartete Anpassung. ...

Haben Sie sich selbst eine bewußte Anpassung ausgedacht, dann beleben Sie sie durch Psychotechnik, die Ihnen helfen wird, ein wenig Unbe-
wußtheit in die Anpassung einfließen zu lassen. (Erleben, S. 248 ff.)

7. Gefühl für Wahrhaftigkeit und Glaube
– Emotionales Gedächtnis

Es gibt keine echte Kunst ohne Wahrhaftigkeit und Glauben! Und je realer der äußere Rahmen auf der Bühne ist, desto näher muß das Erleben der Rolle durch den Schauspieler der organischen Natur sein.

Häufig aber sehen wir auf der Bühne etwas ganz anderes. Zwar schafft man dort eine natürliche Umgebung durch Dekorationen und Requisiten, an denen alles wahrhaftig ist, vergißt aber dabei, an die Echtheit des Empfindens und Erlebens bei den Darstellern selbst zu denken. Eine derartige Diskrepanz zwischen der Wahrhaftigkeit der Dinge und der Wahrhaftigkeit der Gefühle unterstreicht den Mangel an echtem Leben in der Darstellung nur noch mehr.

Damit so etwas nicht vorkommen kann, müssen Sie immer bemüht sein, Ihr Sein und Handeln auf der Bühne mit eigenen 'Wenns' und 'vorgeschlagenen Situationen' zu begründen. Nur wenn Sie in dieser Weise arbeiten, werden Sie Ihr eigenes Gefühl für Wahrhaftigkeit befriedigen und an die Echtheit Ihres Erlebens glauben können.

Diesen Vorgang nennen wir die Rechtfertigung. ... Wahrhaftigkeit auf der Bühne ist das, woran wir sowohl in uns selbst als auch in den Seelen unserer Partner aufrichtig glauben.

Wahrhaftigkeit ist von Glauben nicht zu trennen und umgekehrt. Eins kann nicht ohne das andere sein, ohne diese beiden Elemente gibt es weder Erleben noch schöpferisches Spiel. ... Jeder Augenblick unseres Daseins auf der Bühne muß durch Glauben an die Wahrhaftigkeit des erlebten Gefühls und an die Wahrhaftigkeit der ausgeführten Handlungen sanktioniert sein.

Das ist die innere Wahrhaftigkeit und der naive Glaube daran. ...

Es ist nicht weiter schlimm, wenn wir einen Augenblick lang abirren und einen falschen Ton anschlagen. Wichtig ist, daß uns gleichzeitig die Stimmgabel das Richtige, das heißt, die Wahrhaftigkeit, bezeichnet, wichtig ist, daß sie uns im Augenblick des Abirrens auf den rechten Weg weist. ... Dieser Vorgang der Selbstkontrolle ist beim Spielen unbedingt notwendig, mehr als das, er muß permanent sein, ununterbrochen.

Vor Aufregung, in der Umgebung des öffentlichen Auftretens will der Schauspieler immer wieder mehr Gefühl geben, als er in Wirklichkeit hat.

Doch woher sollte er es nehmen? Wir haben keinen Vorrat an Emotionen, die unser Bühnenleben regulieren können. Man kann das Handeln dämpfen oder übertreiben, kann sich über das notwendige Maß hinaus Mühe geben, die angeblich Gefühl ausdrücken soll. Doch das würde das wirkliche Gefühl nicht verstärken, sondern im Gegenteil nur vernichten. Das ergibt eine äußerliche, theatralische Übertreibung. ...

Das beste ist natürlich, wenn die Wahrhaftigkeit und der Glaube an die Echtheit dessen, was der Schauspieler macht, von selbst entstehen.

Aber was tut man, wenn es nicht der Fall ist?

Dann muß man mit Hilfe der Psychotechnik diese Wahrhaftigkeit und den Glauben daran aufspüren und auslösen. ...

Wo muß man denn Wahrhaftigkeit und Glauben suchen, wie müssen sie im eigenen Innern ausgelöst werden? In den inneren Empfindungen und Handlungen, das heißt im Bereich des psychischen Lebens des Menschen und Schauspielers? Aber innere Empfindungen sind zu kompliziert, zu wenig greifbar, zu launisch, sie lassen sich kaum fixieren. Dort, im Bereich der Seele, entstehen Wahrhaftigkeit und Glauben entweder von selbst, oder sie werden durch komplizierte psychotechnische Arbeit geschaffen. Am einfachsten ist es, Wahrhaftigkeit und Glauben im Bereich des Körpers aufzuspüren oder auszulösen in den kleinsten, einfachsten physischen Aufgaben und Handlungen. Sie sind zugänglich, stabil, greifbar, sie fügen sich den Befehlen des Bewußtseins. Außerdem lassen sie sich leichter fixieren. Das ist der Grund, warum wir in erster Linie auf sie zurückgreifen, um mit ihrer Hilfe an die Rolle heranzugehen. ...

Sagen Sie einem Schauspieler, seine Rolle, Aufgabe, Handlung seien psychologisch tiefgründig, tragisch, sofort strengt er sich an, steigert sich unvermittelt in die 'Leidenschaft' hinein, 'zerreißt sie in Fetzen' oder wühlt in seiner Seele und vergewaltigt das Gefühl ganz unnötig.

Geben Sie aber dem Schauspieler eine ganz einfache physische Aufgabe und erfüllen diese mit interessanten, erregenden 'vorgeschlagenen Situationen', so geht er an das Handeln ohne Hemmungen heran, ohne darüber nachzudenken, ob in dem, was er tut, Psychologie, Drama oder Tragödie verborgen ist. Dann tritt das Gefühl für Wahrhaftigkeit in seine Rechte, das aber ist einer der wesentlichsten schöpferischen Augenblicke, an die uns die schauspielerische Psychotechnik heranführt. ...

Wir schätzen die physischen Handlungen, weil sie uns leicht und unmerklich in das eigentliche Leben der Rolle, in ihre Gefühlswelt einführen. Wir schätzen die physischen Handlungen auch noch deshalb, weil sie uns helfen, die Aufmerksamkeit im Bereich der Bühne, des Stücks, der Rolle zu fesseln, weil sie die Aufmerksamkeit auf die stabile, sicher und fest begründetete Linie der Rolle lenken. ...

Im Leben entsteht durch die häufige Wiederholung der gleichen gängigen Handlungen eine, wenn man es so sagen kann, 'mechanische' Logik und Folgerichtigkeit der physischen und der anderen Handlungen. ... Die dazu notwendige unbewußt gespannte Aufmerksamkeit und die instinktive Selbstkontrolle kommen ganz von selbst und leiten uns unmerklich. ...

So geht es im realen Leben vor sich. Auf der Bühne ist es anders. Dort führen wir die Handlungen bekanntlich nicht deshalb aus, weil sie organisch lebensnotwendig für uns sind, sondern weil Autor und Regisseur sie uns vorschreiben. Auf der Bühne fällt die organische Notwendigkeit der physischen Handlung weg und damit auch ihre 'mechanische' Logik und Folgerichtigkeit, die im Leben so natürliche unbewußte Aufmerksamkeit und die instinktive Selbstkontrolle. Wie soll man ohne sie auskommen?

Man muß also die mechanische durch die bewußte, logische, folgerichtige Kontrolle eines jeden Augenblicks der physischen Handlungen ersetzen. Durch häufige Wiederholung wird aus diesem Vorgang allmählich selbstverständliche Gewohnheit.

Wenn Sie nur wüßten, wie wichtig es ist, sich recht bald an das Empfinden für Logik und Folgerichtigkeit der physischen Handlungen zu gewöhnen, an die Wahrhaftigkeit, die sie auf die Bühne bringen, und an den Glauben an die Echtheit dieser Wahrhaftigkeit. ...

Die Arbeit mit realen Gegenständen ist in der ersten Zeit auf der Bühne viel schwieriger als die Arbeit mit dem vorgestellten Gegenstand, mit der Fiktion. ... Benutzt man reale Gegenstände, so rutschen dem Ausführenden instinktiv aus mechanischer Lebensgewohnheit viele Handlungen durch, ohne daß er sie verfolgen kann. Dieses Durchrutschen abzupassen ist schwer, läßt man es aber zu, so gibt es Löcher in der logischen und folgerichtigen Linie der physischen Handlung. Die unterbrochene Logik macht ihrerseits die Wahrhaftigkeit zunichte, ohne Wahrhaftigkeit aber gibt es keinen Glauben und kein eigentliches Erleben, weder beim Schauspieler, noch beim Zuschauer.

Beim 'Spiel ohne Requisiten' entstehen andere Bedingungen. Ob man will oder nicht, muß man dabei die Aufmerksamkeit selbst an den allerkleinsten Teilabschnitten der großen Handlung heften, sonst kann man sich weder auf die Abschnitte des Ganzen besinnen noch sie ausführen. Ohne solche Hilfs- und Unterabschnitte erfühlt man aber auch die ganze große Handlung nicht. Man muß also erst nachdenken und danach die Handlung ausführen. Dabei kommt man durch die Logik und Folgerichtigkeit seiner Handlungsweise auf natürlichem Wege zur Wahrhaftigkeit, von der Wahrhaftigkeit zum Glauben und zum eigentlichen echten Erleben. (Erleben, S. 147 ff.)

Emotionales Gedächnis: Früher nannte man es ... 'affektives Gedächtnis'. Jetzt lehnt man diesen Terminus ab, ohne ihn durch einen neuen ersetzt zu haben. Doch wir brauchen irgendeine Bezeichnung dafür, und darum haben wir uns vorläufig darauf geeinigt, das Gedächtnis für Empfindungen 'emotionales Gedächtnis' zu nennen. ...

So wie in Ihrem optischen Gedächtnis ein längst vergessener Gegenstand, eine Landschaft oder die Gestalt eines Menschen vor Ihrem inneren Auge aufersteht, genauso leben im emotionalen Gedächtnis die früher durchlebten Empfindungen wieder auf. Man glaubt, man hätte sie ganz vergessen, doch da kommt eine Andeutung, ein Gedanke, ein vertrautes Bild - und die Empfindungen bemächtigen sich unser wieder, zuweilen ebenso stark wie beim ersten Mal, zuweilen schwächer, zuweilen stärker, die gleichen oder ein wenig veränderten Empfindungen. Wenn Sie fähig sind, allein bei der Erinnerung an Erlebtes rot oder blaß zu werden, wenn Sie Angst haben, an ein vor langer Zeit erlebtes Unglück zurückdenken, so haben Sie auch das Gedächtnis für Empfindungen, also emotionales Gedächtnis. ...

Es gibt auch wiederentstehende Empfindungen, die vom Gedächtnis der Sinnesorgane hervorgerufen werden. Sie gehören nicht zu den Erlebnissen, die das emotionale Gedächtnis reproduziert, und stehen für sich.

Trotzdem werde ich zuweilen von den fünf Sinnesorganen parallel mit dem emotionalen Gedächtnis sprechen. ...

Jeder Mensch hat in seinem Leben nicht nur eine, sondern mehrere Katastrophen erlebt. Das Gedächtnis behält sie in Erinnerung, aber nicht alle Einzelheiten, sondern nur bestimmte Züge, die den stärksten Eindruck hinterlassen haben. Aus vielen solcher Erlebnisspuren entsteht eine einzige große, verdichtete, erweiterte und vertiefte - Erinnerung an gleichartige Empfindungen. Diese Erinnerung enthält nichts Überflüssiges, sondern nur das Wesentlichste. Sie ist die Synthese aller gleichartigen Empfindungen. Diese Synthese bezieht sich also nicht auf einen kleinen, spezifischen Einzelfall, sondern auf alle gleichartigen Fälle. Das ist eine Erinnerung in großem Maßstab. Sie ist reiner, dichter, vollständiger, inhaltsreicher und eindringlicher als die Wirklichkeit selbst. ...

Die Zeit ist ein vorzüglicher Filter, ein großartiges Reinigungsbad der Erinnerungen an durchlebte Empfindungen. Mehr als das - die Zeit ist eine vortreffliche Künstlerin. Sie reinigt die Erinnerungen nicht nur, sondern verwandelt sie auch dichterisch. Dank dieser Fähigkeit des Gedächtnisses werden sogar die düsteren, krassen Erlebnisse mit der Zeit schöner, künstlerischer, was ihnen einen verlockenden, unbezwinglichen Reiz gibt. ...

Je umfassender das emotionale Gedächtnis ist, desto reicheres Material für das innere Schaffen enthält es, desto mehr kann der Schauspieler aus dem vollen schöpfen. Ich glaube, das versteht sich von selbst und bedarf keiner weiteren Erklärung. Außer auf seine Reichhaltigkeit müssen wir das Material des emotionalen Gedächtnisses aber noch auf seine Kraft, seine Stabilität und seine Qualität hin untersuchen.

Die Kraft des emotionalen Gedächtnisses ist bei unserer Arbeit von großer Bedeutung. Je kräftiger, schärfer und präziser das Gedächtnis ist, desto voller und farbiger ist das schöpferische Erleben. Ein schwaches emotionales Gedächtnis würde schemenhafte, kaum wahrnehmbare Emp-findungen auslösen, die für die Bühne untauglich sind, weil man sie kaum spürt, weil sie kaum zünden, kaum über die Rampe gehen. ...

Manche Erinnerungen an durchlebte Empfindungen bewahren wir in schwächerem Maße, andere, wenn auch seltener, besonders stark.

Häufig leben die empfangenen Eindrücke in unserem Gedächtnis wei-ter, wachsen dort noch und vertiefen sich. Sie werden zu Auslösern neuer Prozesse, die einerseits die nicht zu Ende durchlebten Einzelheiten des Vergangenen bewahren und andererseits die Phantasie anregen, die ver-gessenen Einzelheiten zu erfinden. ...

Man muß manchmal auf der Suche nach dem inneren Material nicht nur das benutzen, was wir selbst im Leben erlebt haben, sondern auch das, was wir an anderen Menschen erfahren und aufrichtig mitempfunden haben. Ein analoger Prozeß vollzieht sich auch mit den Erinnerungen, die man aus Büchern oder aus Erzählungen anderer Menschen empfangen hat. Diese Eindrücke müssen innerlich umgestaltet werden, das heißt, das Mitgefühl des Lesers oder Zuhörers muß in das eigene echte Gefühl umgewandelt werden, das dem Gefühl der handelnden Person jener Erzählung entspricht. ...

Aus allem, was über das emotionale Gedächtnis und die wiederherstellbaren Empfindungen gesagt worden ist, geht klar hervor, welch große Rolle sie im Schaffensprozeß spielen. Es erhebt sich nun die Frage nach den Vorräten unseres emotionalen Gedächtnisses. Diese Vorräte müssen ununterbrochen, laufend aufgefüllt werden. Wie bringt man das zuwege? Wo findet man das notwendige schöpferische Material? Wie Sie wissen, besteht es in erster Linie aus unseren eigenen Eindrücken, Empfindungen, Erlebnissen. Wir gewinnen sie sowohl aus der Wirklichkeit als auch aus dem Leben der Phantasie, aus Erinnerungen, aus Büchern, aus der Kunst, aus der Wissenschaft, auf Reisen, in Museen und vor allem - aus dem Umgang mit anderen Menschen. ...

Je mehr sich das Leben der einzelnen Menschen und der ganzen Menschheit entwickelte und komplizierte, um so tiefer mußte der Schauspieler in die komplizierten Erscheinungen dieses Lebens eindringen . Dazu mußte man den Gesichtskreis erweitern. Und er erweiterte sich in Zeiten weltbewegender Ereignisse immer mehr, bis zur Grenzenlosigkeit. Es genügt jedoch nicht, den Kreis der Aufmerksamkeit zu erweitern und die verschiedenartigsten Gebiete des Lebens miteinzubeziehen, es genügt nicht, nur zu beobachten - man muß auch den Sinn seiner Beobachtungen verstehen lernen, muß die empfangenen Empfindungen, die sich dem emotionalen Gedächtnis eingeprägt haben, in sich verarbeiten, muß in den eigentlichen Sinn der Geschehnisse um uns herum eindringen. ...

Ein Schauspieler, der zwar das Leben um sich herum beobachtet, der zwar die ihn betreffenden Freuden und Beschwernisse des Lebens erleidet, aber nicht in ihre verwickelte Entstehungsgeschichte einzudringen und die grandiosen, von höchster Dramatik und größtem Heroismus erfüllten Ereignisse des Lebens dahinter nicht zu sehen vermag - dieser Schauspieler ist für das wahre Schaffen verloren. Will er für die Kunst leben, muß er um jeden Preis den Sinn des Lebens, das ihn umgibt, erfassen, muß er seinen Geist anstrengen, die unzulänglichen Kenntnisse erweitern, seine Anschauungen überprüfen. Wenn ein Schauspieler darauf bedacht ist, seine Kunst nicht absterben zu lassen, darf er das Leben nicht als Spießer betrachten. Ein Spießer kann kein wirklicher Künstler sein. Die überwiegende Mehrzahl der Schauspieler aber sind Spießer, die auf den Brettern des Theaters Karriere machen wollen. ...

Der Schauspieler entnimmt dem realen oder erdachten Leben alles, was er dem Menschen zu vergeben vermag. Doch alle Eindrücke, alle Leidenschaften und Genüsse, alles, was die anderen für sich erleben, verwandelt sich bei ihm in Material für sein Schaffen.

Aus eigenem und von außen Empfangenen baut er eine ganze Welt poetischer Gestalten, lichter Ideen, die ewig leben werden, für alle. (Erleben, S. 188 ff.)

8. Die Antriebskräfte und ihre Funktionslinien – Befinden auf der Bühne

Verstand, Wille und Gefühl sind die 'Antriebskräfte unseres psychischen Lebens'. ... Die Glieder des Triumvirats sind untrennbar. Spricht man vom einen, berührt man unwillkürlich auch das zweite und dritte; spricht man vom zweiten, erwähnt man auch das erste und dritte, und spricht man über das dritte, denkt man auch an die beiden ersten. ...

Nur bei Zusammenarbeit aller Antriebskräfte des psychischen Lebens schaffen wir frei, wahrhaftig, unmittelbar, organisch, nicht auf fremdes Gebot, sondern von uns selbst aus, auf eigenes Risiko, nach bestem Wissen und Gewissen unter den für das Leben der Rolle vorgeschlagenen Situationen.

Die Richtigkeit der Annahme, daß Verstand (Vorstellung, Urteil), Wille und Gefühl die Antriebskräfte des psychischen Lebens sind, wird durch die Natur selbst bestätigt, die häufig Schauspielerindividualitäten von emotionalem, intellektuellem oder willensmäßigem Charakter schafft. ...

Doch die Vorherrschaft der einen, der anderen oder der dritten Antriebskraft des psychischen Lebens darf die anderen Mitglieder des Triumvirats keineswegs völlig unterdrücken. Harmonische Ausgewogenheit der Antriebskräfte unseres Inneren ist unerläßlich. ...

Nur in den seltensten Fällen erfassen Verstand, Wille und Gefühl eines Schauspielers übereinstimmend und auf einmal den wesentlichen Kern des neuen Werkes, nur selten entzünden sie sich daran und schaffen im Schwung der Begeisterung den für die Arbeit unerläßlichen inneren Zustand.

Viel häufiger wird der gedruckte Text nur bis zu einem gewissen Grad vom Verstand aufgenommen, nur teilweise von dem Gefühl erfaßt. Er ruft meistens nur ein unbestimmtes, bruchstückhaftes Drängen des Willens hervor. ...

Wollte man die Linien, die von den Antriebskräften des psychischen Lebens ausgehen, graphisch darstellen, so gäbe das ein Gewirr von abgerissenen Strichen.

Im Verlauf der weiteren Beschäftigung mit der Rolle und bei tieferem Eindringen in ihre Grundidee richten sich die Funktionslinien nach und nach aus. ...

Unsere Kunst braucht aber eine ununterbrochene Linie. Darum meine ich,... daß man erst dann von schöpferischer Arbeit reden kann, wenn sich die Funktionslinien der Antriebskräfte ausrichten, das heißt eine ununterbrochene Linie bilden. ...

Wir brauchen nicht nur eine einzige, sondern einige Linien,... daß heißt Linien der Phantasieeinfälle, der Aufmerksamkeitspunkte, der Logik und Folgerichtigkeit, der Abschnitte und Aufgaben, des Wollens, des Strebens und der Handlung, der ununterbrochenen Momente der Wahrhaftigkeit und des Glaubens, der emotionalen Erinnerungen, der Wechselbeziehung, der Anpassung und anderer Elemente, die man für die schöpferische Arbeit braucht. ...

Der Schauspieler als Mensch und die menschgewordene Rolle leben auf der Bühne fast ununterbrochen durch diese Linien. Diese Linien geben der darzustellenden Person Leben und Bewegung. Brechen sie ab, hört das Leben der Rolle auf, und es tritt entweder völlige Lähmung oder Tod ein. Mit der Wiederaufnahme der Linie lebt die Rolle wieder auf. Dieser Wechsel von Sterben und Wiederaufleben ist nicht normal. Die Rolle verlangt kontinuierliches Leben, braucht nahezu ununterbrochene Lebenslinien. ...

Fühlen Sie ... nicht auch eine sich in der Ferne verlierende durchgehende Linie der Zukunft mit all ihren Sorgen, Verpflichtungen, Freuden und Unannehmlichkeiten. ... In dieser Voraussicht auf die Zukunft ist gleichfalls Bewegung, und wo Bewegung ist, da zeichnet sich auch die Linie des Lebens ab. ... Verbinden Sie diese Linie mit der vorigen, beziehen Sie die Gegenwart mit ein, und Sie erhalten eine große durchgehende Linie aus Vergangenheit, Gegenwart und Zukunft. ...

In der realen Wirklichkeit wird diese Linie vom Leben selbst gesponnen, im Stück zeichnet sie der wirklichkeitsnahe künstlerische Einfall des Dichters.

Doch er zeichnet diese Linie nicht durchgehend, nicht lückenlos für das ganze Leben der Rolle, sondern nur teilweise, mit großen Unterbrechungen. ... Der Dramatiker verschweigt häufig, was hinter den Kulissen vor sich gegangen ist, also das, was in dem gedruckten Exemplar des Stückes vom Autor nicht bis ins letzte ausgeführt ist. Sonst wird der Schauspieler auf der Bühne nicht das vollständige 'Leben des menschlichen Geistes' in der Rolle erreichen, sondern man hat es nur mit herausgerissenen Fetzen zu tun.

Zum Erleben braucht man die (relativ) vollständige Linie des Lebens in der Rolle und im Stück. ... Aber vielen Schauspielern ist es nicht möglich, die Rolle für sich selbst hinter den Kulissen weiterzuspielen. Das brauchen sie auch nicht, sie sollen nur daran denken, wie sie wohl heute handeln würden, wenn sie sich in der Situation der darzustellenden Person befänden. Die Beantwortung dieser und anderer die Rolle betreffenden Fragen ist für jeden Schauspieler bei jeder Aufführung unerläßlich. ...

Finden Sie, daß es normal ist, wenn Leben und Aufmerksamkeit des Schauspielers auf der Bühne nur für einen Augenblick lebendig werden, um dann dort für lange Zeit zu erlöschen und sich auf den Zuschauerraum oder das Leben außerhalb des Theaters zu übertragen? Dann kehren sie einmal zurück, um dann doch nur wieder für lange Zeit von den Brettern zu verschwinden.

Bei solchem Spiel gehören der Rolle nur einige wenige Augenblicke im Leben des Schauspielers auf der Bühne, in der übrigen Zeit ist er ihr fremd. Dieses Gemenge aus den verschiedenartigsten Gefühlen kann die Kunst nicht brauchen. Lernen Sie darum, die (relativ) ununterbrochene Linie für jede Antriebskraft des psychischen Lebens und für jedes Element auf der Bühne zu schaffen. (Erleben, S. 261 ff.)

Worauf richten sich nun die Linien der Antriebskräfte für das psychische Leben? ... Wohin drängt es den Schauspieler, oder vielmehr, wohin drängen die Antriebskräfte seines psychischen Lebens? Zu dem, was sie in Bewegung setzt, das heißt in die psychische und physische Natur des Schauspielers, zu seinen seelischen Elementen. Verstand, Wille und Gefühl geben das Signal und mobilisieren mit der Kraft, mit dem Temperament und mit der Überzeugungsfähigkeit, die ihnen eigen sind, alle inneren schöpferischen Kräfte. ...

Unendlich viele phantasievolle Objekte der Aufmerksamkeit, Wechselbeziehungen, Aufgaben, Bestrebungen und Handlungen, Momente der Wahrhaftigkeit und des Glaubens, emotionale Erinnerungen und Anpassungen formieren sich in langen Reihen.

Je weiter die Reihen der Elemente gehen, desto enger schließen sich ihre Funktionslinien zusammen und verknüpfen sich schließlich gleichsam zu einem einzigen gemeinsamen Knoten. Diese Verschmelzung aller Elemente des Komplexes 'Schauspieler-Rolle' in ein gemeinsames Streben ergibt jene äußerst wichtige innere Verfassung des Schauspielers auf der

Bühne, die wir in unserer Sprache so nennen: 'Das innere Befinden auf der Bühne'.

Dieses innere Befinden auf der Bühne brauchen wir ganz dringend auf den Brettern. Nur dabei kann sich das wirklich Schöpferische entwickeln. Deshalb schätzen wir es so besonders hoch; es ist eines jener Hauptmomente im schöpferischen Prozeß, für das wir früher die einzelnen Elemente entwickelt haben. ...

Es kommt leider sehr oft vor, daß sich das richtige Befinden auf der Bühne nicht einstellt. ... Dann jammert der Schauspieler in der Garderobe: 'Ich bin heute nicht in Form, ich kann heute nicht spielen.' Das bedeutet, daß der innere schöpferische Apparat nicht richtig arbeitet oder sogar ganz untätig ist, daß sich mechanische Gewohnheit, konventionelle Übertreibung, Schablone und Handwerk breitmachen. Woher kommt das? Vielleicht ... sind die Elemente seines Befindens durcheinandergeraten? Oder ist er mit einer unvollkommen erarbeiteten Rolle vor die Zuschauer getreten, in der er weder dem gesprochenen Wort noch den Handlungen Glauben schenken kann? Löst das eine Unsicherheit in ihm aus, die sein Befinden stört? ...

Sie wissen: Wenn der Schauspieler auf der Bühne, vor die tausendköpfige Menge tritt, verliert er als Mensch vor Schreck, vor Verlegenheit, vor Schüchternheit, unter dem Druck der Verantwortung und der Schwierigkeit seiner Aufgabe die Selbstbeherrschung. In diesen Minuten kann er nicht menschlich sprechen, sehen, hören, denken, wollen, fühlen, handeln. Er wird nervös, er will es dem Zuschauer unbedingt recht machen, will sich auf der Bühne produzieren, seinen Zustand durch Possenreißen verbergen, um das Publikum auf jeden Fall zu unterhalten.

In solchen Augenblicken fallen die Elemente des Schauspielers gleichsam auseinander und existieren getrennt voneinander: Die Aufmerksamkeit, die Objekte, das Gefühl für Wahrhaftigkeit, die Anpassungen und so weiter - jedes nur für sich selbst. Das ist natürlich nicht normal. Es ist normal, wenn die Elemente, die zusammen das Befinden ergeben, wie im Leben untrennbar miteinander verbunden sind.

Die Untrennbarkeit der Elemente ist also auch für das richtige innere Befinden auf der Bühne erforderlich, das sich, wie gesagt, fast gar nicht von der Verfassung im täglichen Leben unterscheidet. Und sie ist auch vorhanden, wenn der Schauspieler auf der Bühne im rechten Gleichgewicht ist. Das schlimme ist nur, daß das Befinden auf der Bühne infolge der anormalen Schaffensbedingungen sehr labil ist. Kaum ist es gestört, löst sich die Verbindung zwischen den Elementen, sie sind nun voneinander getrennt, jedes existiert selbständig. Dann handelt wohl der Schauspieler auf der Bühne, aber er handelt nicht in der Richtung, die die Rolle verlangt, sondern einfach 'um des Handelns willen'. ...

Im Leben entsteht jeder seelische Zustand von selbst, auf natürlichem Wege. Er ist immer auf seine Weise richtig, wenn man die inneren und äußeren Lebensbedingungen in Betracht zieht.

Auf der Bühne ist es umgekehrt: Unter dem Einfluß der unnatürlichen Bedingungen des öffentlichen Schaffens entsteht fast immer das falsche, das Mimen-Befinden. Nur selten, zufällig entsteht da ein natürlicher Zustand, der dem normalen menschlichen Befinden nahekommt.

Was tut man nun, wenn sich das richtige Befinden auf der Bühne nicht von selbst einstellt?

Dann muß man den natürlichen menschlichen Zustand, oder doch fast denselben Zustand, in dem wir uns in der Wirklichkeit immer befinden, künstlich herstellen. Dazu braucht man die Psychotechnik.

Sie hilft uns, das richtige Befinden herzustellen und das falsche auszuschalten. Sie hilft dem Schauspieler, in der Atmosphäre der Rolle zu bleiben, sie schirmt ihn gegen ... die Anziehungskraft des Zuschauerraums ab.

Wie geht nun dieser Prozeß vor sich?

Alle Schauspieler schminken vor Beginn der Vorstellung das Gesicht, hüllen den Körper in Kostüme, um das Äußere der darzustellenden Person anzugleichen. Aber sie vergessen oft die Hauptsache: die Vorbereitung, das 'Schminken' und 'Kostümieren' der Seele, die das 'Leben des menschlichen Geistes' in der Rolle schaffen und erleben muß. Darin besteht die vornehmste Aufgabe des Schauspielers bei jeder Aufführung. ...

Hat die Rolle das Reifestadium erreicht, in dem die geschilderte Arbeit möglich ist, dann wird der Vorbereitungsprozeß bei jeder Wiederholung leicht und verhältnismäßig rasch vonstatten gehen. Das Unglück ist nur, daß bei weitem nicht alle Rollen im Repertoire eines Schauspielers bis zu jener Stufe der Vollendung gereift sind, auf der man zum Herrn der Partitur, zum Meister der Psychotechnik, zum Schöpfer in der Kunst wird.

Unter diesen Bedingungen ist die Vorbereitung auf den Auftritt schwierig. Trotzdem ist sie unentbehrlich und erfordert bei jeder Wiederholung noch mehr Zeit und Aufmerksamkeit. Der Schauspieler muß unermüdlich am richtigen Befinden arbeiten, nicht nur im eigentlichen Schaffensprozeß, sondern auch schon vorher, nicht nur bei der Vorstellung, sondern auch auf den Proben und zu Hause. Das richtige innere Befinden auf der

Bühne ist labil, ganz gleich, ob die Rolle noch nicht sitzt oder ob sie schon durch häufiges Sprechen ausgeleiert ist und an Klarheit verloren hat. Das richtige innere Befinden schwankt also ständig. Es ist mit einem in der Luft balancierenden Flugzeug zu vergleichen, das auch ständig abgefangen werden muß. Bei großer Erfahrung wird diese Aufgabe vom Piloten automatisch ausgeführt und verlangt keine besondere Aufmerksamkeit mehr.

So ist es auch bei uns. Die Elemente des Befindens müssen ständig reguliert werden, bis es schließlich zur selbstverständlichen Gewohnheit wird.

Ich will diesen Vorgang an einem Beispiel erklären. Nehmen wir an, der Schauspieler fühlt sich auf der Bühne, während des Schaffens, vorzüglich. Er hat sich derart in der Gewalt, daß er, ohne aus der Rolle zu kommen, sein Befinden überprüfen und in die einzelnen Elemente zerlegen kann. Alle arbeiten richtig, Hand in Hand. Da gibt es eine leichte Entgleisung! Sofort blickt der Schauspieler in sein Inneres, um festzustellen, welches Element seines Befindens aus dem Gleichgewicht gekommen ist. Sobald er den Fehler erkannt hat, verbessert er ihn. Dabei macht es ihm keinerlei Mühe, sich zu spalten - also einerseits den Fehler zu verbessern und andererseits in der Rolle weiterzuleben.

Der Schauspieler lebt, er weint und lacht auf der Bühne; doch weinend und lachend beobachtet er sein Lachen und Weinen. Und in diesem zwiespältigen Dasein, in diesem Gleichgewicht zwischen Leben und Spiel liegt die Kunst. (Erleben, S. 279 ff.)

82

9. Muskelentspannung – Bewegung – Sprechen – Tempo – Rhythmus

Wir Regisseure und Lehrer des 'Systems' arbeiten am inneren Zustand des Schauspielers, wir entwickeln in ihm das aufrichtige 'Erleben' auf der Bühne. ...

Es genügt aber nicht, von einem aufrichtigen Gefühl durchdrungen zu sein, man muß auch verstehen, es zu offenbaren und zu gestalten. Deshalb muß die gesamte Physis des Schauspielers ausgebildet und entwickelt werden. Sie muß äußerst empfindlich sein, auf alle unbewußten Regungen reagieren und sie in allen ihren Feinheiten wiedergeben, um dadurch alles, was der Schauspieler fühlt und erlebt, sichtbar und hörbar werden zu lassen. ...

Genau wie man Bach oder Beethoven auf einem verstimmten Instrument niemals hervorragend spielen kann, sind auch Schauspieler ... niemals imstande, ihre Emotion deutlich auszudrücken und dem Zuschauer verständlich zu machen, wenn ihr physisches Instrument nicht darauf abgestimmt und vorbereitet ist. Es muß außerordentlich anpassungsfähig sein und sich dem Willen des Künstlers unterwerfen. Im Innern des Menschen sind Wille, Verstand, Gefühl, Vorstellungskraft und Unbewußtes tätig, während der Körper wie ein ungewöhnlich empfindliches Barometer deren schöpferische Arbeit widerspiegelt. Zu diesem Zweck müssen alle, selbst die kleinsten Muskeln, gut entwickelt und durchtrainiert sein. Wir müssen unseren Körper, seine Bewegungen und alles, womit wir unser Erleben offenbaren können, so weit ausbilden, daß jede Emotion instinktiv, schnell und anschaulich gestaltet wird. Die erste Voraussetzung dafür ist, daß sich weder Körper noch Stimme ungewollt anspannen und verkrampfen; der Körper und seine Bewegungen dürfen nicht plump werden. ...

Die Schauspieler müssen ihre Bewegungen, ihren Willen, ihre Emotionen und Gedanken empfinden, damit ihr Wille sie veranlaßt, bestimmte Bewegungen zu machen ... und jede sinnlose Bewegung zu vermeiden. (Verkörpern, S. 347 f.)

Die Muskelanspannung ist jeder inneren Arbeit, besonders aber dem Erleben, hinderlich. Solange der Körper angespannt ist, kann von richtigem, feinfühligem Empfinden und von einer normalen seelischen Entwicklung der Rolle gar keine Rede sein. Bevor man also mit dem Schaffen beginnt, muß man die Muskeln soweit in Ordnung haben, daß sie die Freiheit des Handelns nicht einschränken. ... Es ist nicht nur der starke Muskelkrampf, der die Arbeit des Schaupielers stört. Selbst die kleinste Verklemmung irgendwo, die man gar nicht sofort festzustellen vermag, kann das Schaffen hemmen. Ich will Ihnen zur Bestätigung ein praktisches Beispiel erzählen: Eine Schauspielerin konnte ihre wunderbare Begabung und ihr lebhaftes Temperament nicht recht beweisen, es gelang ihr nur in vereinzelten, seltenen Augenblicken. Meistens ersetzte sie das Gefühl einfach durch physische Anstrengung, sie 'drückte', 'setzte auf', wie es bei uns heißt. Man arbeitete intensiv mit ihr an der Entspannung der Muskeln und erreichte auch eine ganze Menge in dieser Hinsicht, aber es half ihr nur bedingt. Ganz zufällig bemerkte man, daß sich ihre rechte Augenbraue an dramatischen Stellen leicht spannte. Da empfahl man ihr, daß sie es sich zur mechanischen Gewohnheit machen solle, vor jeder schwierigen Stelle das Gesicht zu entspannen, völlig frei zu machen. Als ihr das gelang, ließ die Spannung im ganzen Körper von selbst nach. Sie war dann wie umgewandelt, ihr Körper wurde locker, ausdrucksvoll, das Gesicht spiegelte das Erleben der Rolle lebendig wider: Das innerste Gefühl hatte einen Ausgang aus den Tiefen des Unbewußten gefunden. Es war jetzt, als lasse man es aus einem dunklen Sack heraus in die Freiheit. Im Bewußtsein dieser Freiheit ließ die Schauspielerin das angestaute Gefühl freudig ausströmen, und das gab ihr neuen Auftrieb. ...

Der Kampf besteht darin, daß man einen Beobachter oder Kontrolleur an sich entwickelt.

Die Aufgabe des Kontrolleurs ist schwierig: er muß unermüdlich - im Alltag und auf der Bühne - darauf achten, daß nirgends überflüssige Anspannungen, Muskelverklemmungen und -krämpfe auftreten. Sobald Verklemmungen auftauchen, muß sie der Kontrolleur beseitigen. Dieser Vorgang der Selbstkontrolle muß zu mechanischer, unbewußter Gewohnheit werden. Mehr noch - man muß ihn zur normalen Gewohnheit machen, zu einem natürlichen Bedürfnis - nicht nur für die ruhigen Augenblicke der Rolle, sondern vor allem in den Augenblicken der höchsten nervlichen und physischen Steigerung. ...

Freilich, während man die mechanische Gewohnheit in sich ausbildet, muß man anfangs oft an den Kontrolleur denken und seine Tätigkeit regeln. Man wird dadurch zunächst vom Schaffen abgelenkt. Später aber wird die Entspannung der Muskeln, oder zumindest das Streben danach, in Augenblicken der Erregung zu einer ganz normalen Erscheinung. Diese Gewohnheit muß tagtäglich systematisch ausgebildet werden, nicht nur im Unterricht und bei den häuslichen Übungen, sondern auch im Leben, außerhalb der Bühne, wenn der Mensch sich hinlegt, aufsteht, ißt, spazierengeht, arbeitet, ruht - kurz, in jedem Augenblick des Lebens. ...

Man darf auch nicht vergessen, daß Spannung und Anspannung zweierlei ist: Der in einer bestimmten Stellung betätigte Muskel kann gerade so weit gespannt sein, wie es die Stellung erfordert, die Spannung kann aber auch bis zur Verkrampfung gesteigert werden. Eine derartige Überspannung ist sowohl für die Haltung als auch für das ganze Schaffen außerordentlich schädlich. ...

Jede Stellung muß nicht nur vom inneren Kontrolleur geprüft, nicht nur mechanisch von der Spannung befreit, sondern auch mit Hilfe der Phantasie, der 'vorgeschlagenen Situationen' und des 'Wenn' begründet werden. Von diesem Augenblick an ist sie nicht mehr Stellung an sich, nicht mehr Pose, sondern erhält eine aktive Aufgabe und wird zur Handlung. Wirklich, nehmen wir an, ich hebe meinen Arm und sage mir: 'Wenn ich so dastände und hoch über mir ein Pfirsich an einem Zweig hinge, wie müßte ich stehen und handeln, um ihn zu pflücken?' Sie brauchen nur diesem Einfall Glauben zu schenken, und die leblose Haltung verwandelt sich an der lebendigen Aufgabe - dem Abpflücken des Pfirsichs - in eine echte, lebendige Handlung. Empfinden Sie nur die Wahrhaftigkeit dieser Handlung, und sofort kommt Ihnen die Natur zu Hilfe: Die überflüssige Spannung verschwindet, die notwendige festigt sich - und das ohne Einmischung der bewußten Technik. ... Solange sich meine Aufmerksamkeit auf die Handlung richtete, war alles in Ordnung: Die für die Stellung nötigen Muskelgruppen waren fest gespannt, in den freien Muskeln war kaum eine Anstrengung zu merken. Sobald ich aber von der eigentlichen Handlung abgelenkt war und die Aufgabe vergaß, sobald ich mich der physischen Selbstbeobachtung zuwandte, tauchten sofort überflüssige Spannungen auf, und die notwendigen wurden zu Verklemmungen.

Nach dieser Erfahrung wurde mir klar, daß die lebendige Aufgabe und die wahrhafte Handlung - im realen oder im gedachten Leben, gut begründet durch die vorgeschlagenen Situationen, an die der schaffende Schauspieler voll und ganz glaubt - auf natürliche Weise die Natur selbst zur Mitarbeit heranziehen. Nur die Natur hat volle Gewalt über unsere Muskeln, kann sie richtig anspannen und lockern. (Erleben, S. 117 ff.)

Die Menschen verstehen nicht, sich der Möglichkeiten ihres Körpers zu bedienen. Ja, nicht genug damit: sie sind noch nicht einmal imstande, ihn in Ordnung zu halten und weiterzubilden. Schlaffe Muskeln, ein verkrümmtes Rückgrat, falsche Atmung sind gewohnte Erscheinungen im täglichen Leben. Das alles sind die Folgen der Unfähigkeit, unseren Körper richtig zu entwickeln. Es kann daher auch nicht wundernehmen, daß er die ihm von der Natur zugedachte Arbeit nur ungenügend bewältigt.

Die gleiche Ursache haben auch die unproportionierten Körper und die unharmonischen Bewegungen, die man immer wieder sieht.

Viele dieser Mängel könnten vollständig oder doch wenigstens teilweise beseitigt werden. Aber die Menschen machen nicht immer Gebrauch von dieser Möglichkeit. Wozu auch, meinen sie. Körperliche Fehler bleiben im privaten Leben meistens unbemerkt. Sie sind für uns zu normalen, gewohnten Erscheinungen geworden.

Auf der Bühne dagegen können viele unserer körperlichen Schwächen nicht geduldet werden, denn Tausende von Zuschauern sehen den Schauspieler gleichsam vergrößert. Daher muß der Körper des Schauspielers gesund und schön und seine Bewegungen müssen plastisch und harmonisch sein. Die Gymnastik, die Sie seit mehr als einem halben Jahr betreiben, soll dazu beitragen, Ihren Körper gesund zu machen und vorhandene Fehler auszumerzen. ...

Sehen Sie, wir stellen an den Gymnastikunterricht ähnliche Anforderungen wie an die Bildhauerei. Genau wie der Bildhauer danach trachtet, in seinen Figuren die harmonischen, schönen Proportionen und Verhältnisse zwischen den einzelnen Teilen zu finden, muß der Gymnastiklehrer bemüht sein, mit lebendigen Körpern dasselbe Ziele zu erreichen. Es gibt keinen Körperbau, der von vornherein ideal ist, man muß ihn erst entwickeln. Dazu muß man sich seinen Körper zunächst einmal genau betrachten und sich über die Proportionen der einzelnen Teile klarwerden. Wenn man dann die eigenen körperlichen Mängel kennt, muß man korrigieren und weiterentwickeln, was die Natur versäumt hat, und das zu erhalten suchen, was ihr gelungen ist. ...

Von heute an wird die Akrobatik in unser Unterrichtsprogramm aufgenommen. Und so merkwürdig es auch klingen mag, sie ist mehr für den inneren als den äußeren Gebrauch des Schauspielers bestimmt, ... denn er braucht sie für die intensivsten Seelenregungen, für - die schöpferische Intuition. ... Mein Ziel ist es, Sie durch Akrobatik zur Entschlußfähigkeit zu erziehen. Es wäre schlimm, wenn ein Akrobat vor einem Salto mortale

oder einer halsbrecherischen Nummer erst lange nachdenken und überlegen wollte. Ein solches Zögern brächte ihn in Todesgefahr. In derlei
Augenblicken darf man nicht mehr zögern, man muß handeln, ohne zu
überlegen, man muß sich ein Herz fassen und sich dem Zufall anvertrauen, man muß sich fallenlassen wie in eiskaltes Wasser! Komme, was
da wolle! Das gleiche gilt für einen Schauspieler, der sich dem stärksten
Moment, dem Höhepunkt seiner Rolle nähert. Da darf man nicht mehr
nachdenken, zögern, überlegen, sich lange vorbereiten oder sich selbst
noch kontrollieren. Hier gilt es zu handeln und die Hürden mit Anlauf zu
nehmen. ... Darüber hinaus wird Ihnen die Akrobatik auch noch einen
anderen Dienst erweisen: Sie wird Ihnen helfen, beim Aufstehen, beim
Drehen und Wenden, beim Laufen, bei allen komplizierten und schnellen
Bewegungen auf der Bühne gewandter, flinker und lockerer zu werden.
Sie sollen lernen, sich in einem raschen Tempo und Rhythmus zu bewegen. Ich wünsche Ihnen dazu viel Erfolg. ...

Das Tanzen gibt nicht nur dem Körper Haltung, es läßt auch die Bewegungen weiträumiger und großzügiger werden, es verleiht ihnen Präzision
und Geschlossenheit. Das ist sehr wichtig, denn eine hastige, abgehackte
Gebärde kann niemals bühnenwirksam sein. Außerdem schätze ich den
Tanzunterricht, weil das Tanzen den Armen, den Beinen und dem Rück-
grat eine gute Haltung verleiht und sie dahin stellt, wohin sie gehören. ...
Bei der Ausbildung eines beweglichen und ausdrucksvollen Körpers
kommt dem Training der Hände und Füße gleichfalls große Bedeutung zu.
Auch hier können wir Ballett- und Tanzübungen zu Hilfe nehmen. Die
Füße sind im Tanz überaus beredt und ausdrucksvoll. ...

Der Tanz bringt die Gebärde zur Entfaltung, er gibt ihr Linie, Form,
Zielstrebigkeit und Schwung. In der Gymnasik sind die Bewegungen
geradlinig, im Tanz dagegen verschlungen und vielfältig.

Die Weite und Eleganz der Bewegungen nimmt beim Tanz jedoch oft
übertriebene, affektierte Formen an. Wenn ein Tänzer oder eine Tänzerin
bei einer Pantomime auf eine eintretende oder fortgehende Person oder
auf einen leblosen Gegenstand weisen muß, so strecken sie ihre Hand
beileibe nicht einfach in die nötige Richtung, sondern führen sie zuvor
noch in die entgegengesetzte Richtung, um dadurch Weite und Schwung
ihrer Gebärde zu vergrößern. Dabei bemühen sie sich dann noch, diese
ohnehin schon ummäßig vergrößerte Bewegung noch eleganter und
gespreizter auszuführen als es eigentlich erforderlich wäre. So entsteht die
gezierte und unnatürliche Geste, die oft so übertrieben und komisch wirkt

wie eine Karikatur des Tanzes. Um diesen Fehler beim Schauspieler zu vermeiden, muß ich Ihnen ins Gedächtnis zurückrufen, wie ich schon wiederholt gesagt habe: Eine Gebärde um ihrer selbst willen hat keinen Platz auf der Bühne. Hüten Sie sich davor, dann werden Sie sich auch vor einem affektierten Spiel und anderen Gefahren schützen.

Leider können sich diese schlechten Angewohnheiten aber auch in die Handlung selbst einschleichen. Um das zu verhindern, müssen Sie lediglich darauf bedacht sein, daß Ihre Handlungen auf der Bühne stets aufrichtig, produktiv und zielbewußt bleiben. Dann brauchen Sie ihre Zuflucht nicht zu Affektiertheit, Sentimentialität oder ballettartigen Übertreibungen zu nehmen. Alles das wird durch die Zweckmäßigkeit und Zielstrebigkeit Ihres Verhaltens von selbst verdrängt. Was wir brauchen, sind schlichte, ausdruckvolle, aufrichtige, innerlich gehaltvolle Bewegungen. Wo sollen wir sie suchen? (Bei den gut ausgebildeten Tänzerinnen und Schauspielern.)...

Sie haben sich ein für allemal eine ausdrucksvolle Bewegung erarbeitet und brauchen sich nun über dieses Gebiet der physischen Handlungen keine Gedanken mehr zu machen. Ihnen ist die ausdrucksvolle, anmutige Bewegung zur Selbstverständlichkeit, ja geradezu zur zweiten Natur geworden, sie tanzen und spielen nicht mehr, sondern handeln, und diese Handlung kann gar nicht anders sein als plastisch und ausdrucksvoll.

Wenn diese Künstler ihre Empfindungen aufmerksam beobachten würden, so könnten sie fühlen, wie eine Energie in ihnen wirksam ist, die im tiefsten Winkel des Herzens ihren Ursprung hat. Diese Kraft pflanzt sich nicht sinnlos durch den Körper fort, sondern sie ist geladen mit Emotionen, mit Wünschen und Aufgaben, die eine konkrete schöpferische Handlung auslösen.

Diese Energie, die Gefühl, Willen und Verstand in sich vereint, zeigt sich in der bewußten, innerlich durchlebten, gehaltvollen und produktiven Handlung, die nicht mechanisch erledigt werden kann, sondern mit den seelischen Impulsen übereinstimmen muß.

Diese Energie strömt durch das Netz des Muskelsystems, sie regt die inneren Bewegungszentren an und löst so die äußere Handlung aus.

Um Bewegungen und Handlungen dieser Art ist es den echten Künstlern zu tun. Einzig und allein diese Bewegungen können wir für die künstlerische Verkörperung des geistigen Lebens einer Rolle verwerten.

Nur wenn man den Sinn einer Bewegung innerlich empfindet, kann man lernen, sie richtig zu begreifen. ...

88

Die Grundlage der plastischen Bewegung ist nicht etwa die sichtbare äußere, sondern gerade die unsichtbare innere Bewegungslinie der Energie. Sie ist es auch, die wir mit den rhythmischen Akzenten des Tempo-Rhythmus in Einklang bringen müssen.

Das Empfinden für die durch den Körper strömende Energie nennen wir das Gefühl für die Bewegung. ...

Die Energie strömt nicht allein durch Arme, Rücken und Hals, sondern auch durch Füße und Beine. Sie läßt die Fußmuskeln in Aktion treten und löst das Gehen aus, dem auf der Bühne außerordentliche Bedeutung zukommt. Aber ist denn das Gehen auf der Bühne etwas Besonderes und anderes als im Leben? Ja, in der Tat, es ist nicht dasselbe, und zwar deshalb, weil wir alle verlernt haben, richtig zu gehen, während das Gehen auf der Bühne so beschaffen sein soll, wie die Natur es gewollt hat und wie es ihren Gesetzen entspricht. Aber gerade darin liegt auch die eigentliche Schwierigkeit. Menschen, denen ein schöner, natürlicher Gang nicht angeboren ist, und die auch versäumt haben, ihn zu erwerben, nehmen auf der Bühne ihre Zuflucht zu allerhand Tricks, um den Mangel zu verbergen. Sie fangen an, ganz merkwürdig, unnatürlich und feierlich-pompös einherzuwandeln. Sie gehen nicht, sie stolzieren über die Bretter. Dieses theatralische Stolzieren darf man nicht mit dem richtigen Gehen auf der Bühne verwechseln, das sich auf die Naturgesetze gründet. Wir wollen uns heute einmal mit diesem richtigen Gehen beschäftigen und mit den Möglichkeiten, es uns anzueignen, um damit ein für allemal das pompöse, affektierte Stolzieren von der Bühne zu vertreiben, wie es jetzt noch in den Theatern gang und gäbe ist.

Mit anderen Worten, wir wollen auf der Bühne wie im Leben wieder ganz von neuem gehen lernen. (Verkörpern, S. 14 ff.)

Nach einer langjährigen Laufbahn als Schauspieler und Regisseur hatte ich endlich erkannt, daß eine wirklich hervorragende Diktion und Aussprache für den Schauspieler unerläßliche Voraussetzungen sind, daß er nicht allein die Sätze und Worte, sondern auch jede Silbe, ja sogar jeden einzelnen Laut empfinden muß. In der Tat, je einfacher eine Wahrheit ist, desto mehr Zeit braucht man, um sie zu erkennen. Mir wurde klar, daß wir alle, im Leben wie auf der Bühne, fürchterlich sprechen und daß jeder nur einer einzigen Person zugesteht, daß sie richtig spricht, nämlich sich selbst. Der Grund dafür liegt darin, daß wir erstens alle an unser eigenes Sprechen gewöhnt sind, daß es zweitens für unsere eigenen Ohren auch anders klingt als für die Ohren unserer Zuhörer. Man muß sich schon sehr eingehend mit seiner Sprechweise beschäftigen, um sich selbst kritisch sprechen zu hören. ...

Die Laute, Silben und Wörter sind nicht erdacht, sie kommen aus Impulsen, sie sind von der Natur, von der Zeit und Ort, das heißt vom Lebens selbst geschaffen worden.

Die Empfindung von Schmerz, Kälte, Freude oder Schrecken wird von allen Menschen, von allen Kindern mit den gleichen Lauten zum Ausdruck gebracht; so bricht zum Beispiel der Laut A vor Schreck oder Begeisterung, die uns erfaßt haben, ganz von selbst aus unserem Inneren hervor.

Jeder einzelne der Laute, aus denen sich ein Wort zusammensetzt, hat seine eigene Seele, sein Wesen und seinen Gehalt, die der Sprechende herausspüren muß. Wenn aber ein Wort nicht mit dem Leben verbunden ist und nur formal, mechanisch, träge, seelenlos und leer dahingesagt wird, so gleicht es einem Leichnam, dessen Herz nicht mehr schlägt. Das lebendige Wort besitzt einen inneren Gehalt, es hat sein bestimmtes Gesicht und muß so bleiben, wie die Natur es geschaffen hat. Wer die Seele des Lautes nicht verspürt, der fühlt auch nichts von der Seele des Wortes, des Satzes oder des Gedankens. ... In der letzten Stunde suchte ich Ihnen klarzumachen, daß man sich in die Laute und Silben einfühlen und ihre Seele herausspüren muß.

Heute möchte ich dasselbe von ganzen Wörtern und Sätzen sagen. Erwarten Sie von mir bitte keine Vorlesungen. ... Doch einige Erfahrungen in der Kunst des Sprechens auf der Bühne, die ich mir im Lauf meiner eigenen praktischen Arbeit erworben habe, will ich Ihnen ... mitteilen.

Über diese Gesetze sind viele hervorragende Bücher geschrieben worden, und ich raten Ihnen, sie sorgfältig zu studieren. Ein Schauspieler muß seine Sprache vollendet beherrschen. Was nützen uns alle Feinheiten des Erlebens, wenn sie auf der Bühne durch schlechtes Sprechen ausgedrückt werden? Ein erstklassiger Virtuose darf niemals auf einem verstimmten Instrument spielen. Auch auf diesem Gebiet brauchen wir die Wissenschaft, nur muß man sie mit Bedacht und zur rechten Zeit zu Rate ziehen. Man darf den Kopf des Neulings anfangs nicht übermäßig belasten und ihn schon auf die Bretter schicken, ehe er sich die elementarste Bühnenerfahrung erworben hat. Dadurch wird der Schüler nur verwirrt, vergißt die Wissenschaft, oder er denkt im Gegenteil nur an sie und vergißt die

Bühne darüber. Die Wissenschaft kann der Kunst nur helfen und dienlich sein, wenn sie einander unterstützen und ergänzen. ...

Wenn man das Stück zum ersten Mal liest, findet man sowohl den eigenen Text wie auch den Text der Partner interessant, neu und notwendig. Sobald man sich aber erst einmal an ihn gewöhnt und auf vielen Proben weidlich mit ihm herumgeplagt hat, verlieren die Worte ihr Wesen, ihren Sinn und bleiben nicht mehr im Bewußtsein und im Herzen, sondern lediglich in den Sprechmuskeln haften. Von diesem Augenblick an ist es einem nicht mehr wichtig, was man selbst oder der Partner zu sagen hat, es ist einem nur noch darum zu tun, seinen Text herunterzuleiern, ohne dabei steckenzubleiben. Wie sinnlos ist es doch, wenn ein Schauspieler auf der Bühne nicht einmal anhört, was man ihn fragt oder zu ihm sagt, wenn er seinem Partner keine Zeit läßt, einen wichtigen Gedanken auszusprechen, sondern sich bemüht, ihm recht bald das Wort abzuschneiden. Dabei kommt es vor, daß gerade der wesentlichste Teil einer Replik verschluckt wird und dem Zuhörer unverständlich bleibt, wodurch der ganze Gedanke seinen Sinn verliert und es im Grunde gar nichts mehr zu beantworten gibt. Man ist versucht, den Partner noch einmal zu fragen, aber auch das wäre zwecklos, weil er selber ja gar nicht verstehen würde, was man ihn fragt. All das bewirkt ein konventionelles, schablonenhaftes Spiel, das den Glauben an das Gesagte und Durchlebte tötet. Noch schlimmer ist es, wenn ein Schauspieler den Worten seiner Rolle bewußt einen falschen Sinn gibt. Es ist ja allgemein bekannt, daß viele von uns den Text lediglich dazu benutzen, um den Hörern die Schönheit ihrer Stimme, ihre Diktion, ihren Deklamationsstil und die vollendete Technik ihrer Sprechwerkzeuge zu demonstrieren. Derartige Schauspieler haben nur eine sehr lose Beziehung zur Kunst. Sie gleichen den Verkäufern in Musikgeschäften, die auf allen möglichen Instrumenten schwierige Läufe und Passagen mit großer Fertigkeit herunterspielen, nicht etwa um das Werk des Komponisten oder ihr Verständnis dafür zu zeigen, sondern einzig um die Qualität der zum Verkauf angepriesenen Ware vorzuführen. Genauso zaubern auch die Schauspieler mit ihrer Stimme allerlei komplizierte Kadenzen und Figuren hervor, sie lassen einzelne Buchstaben oder Silben melodisch klingen, ziehen sie in die Länge oder schreien sie heraus, aber keineswegs, um damit die Handlung vorwärtszutreiben oder um ihre Empfindungen wiederzugeben, sondern lediglich, um mit ihrer Stimme zu brillieren und um das Trommelfell der Hörer angenehm zu kitzeln. ...

Was ist eigentlich der Untertext? ...

Es ist das nicht offen ersichtliche, aber innerlich spürbare 'geistige Leben der Rolle', das beständig unter den Worten des Textes strömt und sie unablässig rechtfertigt und belebt. Der Untertext vereinigt in sich die vielen verschiedenen inneren Linien der Rolle und des Stückes, die sich aus magischen und anderen 'Wenns', aus den Erfindungen der Phantasie, aus den vorgeschlagenen Situationen, aus inneren Handlungen, aus den Objekten der Aufmerksamkeit, aus kleinen und großen Wahrheiten und dem Glauben an sie, aus der Anpassung und anderen Elementen zusammensetzen. All das veranlaßt uns, die Worte unserer Rolle zu sprechen.

Diese Linien sind wie die Fäden eines Strickes vielfältig miteinander verflochten, sie ziehen sich durch das ganze Stück, bis sie zu seiner Überaufgabe gelangen.

Erst wenn das Gefühl den gesamten Untertext wie ein unterirdischer Strom durchdringt, entsteht die durchgehende Handlung des Stückes und der Rolle. Sie kommt nicht allein durch die physische Bewegung, sondern ebenso auch durch das gesprochene Wort zustande: Man handelt ja nicht nur mit dem Körper, sondern genauso mit Worten oder der Intonation der Worte.

Das, was wir im Bereich des Tuns die durchgehende Handlung nennen, bezeichnen wir auf dem Gebiet des Sprechens als Untertext. ...

Auf der Bühne ist kein Raum für unbeseelte, gefühllose Worte. Hier können wir keine ideenlosen, passiven Worte brauchen. Auf der Bühne muß das Wort im Schauspieler selbst, in seinen Partnern und durch sie auch im Zuschauer ganz konkrete Empfindungen, Absichten, Gedanken, Bestrebungen, Vorstellungen - visuelle, akustische und andere Sinneseindrücke auslösen. Wort und Rollentext sind nicht für sich allein und um ihrer selbst willen wertvoll, sondern einzig durch ihren inneren Gehalt oder den Untertext, der in sie hineingelegt wird. Leider wird das häufig vergessen, wenn wir auf der Bühne stehen.

Genauso darf man auch nicht vergessen, daß ein gedrucktes Stück so lange noch kein fertiges Werk ist, bis es auf der Bühne von Schauspielern dargestellt und durch ihre lebendigen menschlichen Gefühle belebt wird; wie auch eine Musikpartitur so lange noch keine Sinfonie ist, bis sie von einem Orchester gespielt wird.

Erst die Menschen, die eine Sinfonie oder ein Theaterstück aufführen, beseelen von innen heraus durch ihr Erleben den Untertext des dargebotenen Werkes; denn gerade im Untertext werden, so gut wie im gestaltenden

Künstler selbst, die seelischen Schätze und der geistige Inhalt offenbar, um derentwillen das Werk überhaupt geschaffen wurde. Der Sinn eines Werkes liegt in seinem Untertext. Ohne ihn ist das Wort auf der Bühne unvollständig. Im Augenblick des Gestaltens kommen die Worte vom Dichter, der Untertext dagegen vom Schauspieler. Andernfalls würden die Menschen nicht ins Theater strömen, um den Schauspieler zu sehen, sondern lediglich das Stück zu Hause lesen.

Nur auf der Bühne kann man ein Drama vollständig und in seinem ganzen Wesen kennenlernen. Nur während der Aufführung spürt man die echte, lebendig gewordene Seele des Stückes aus seinem Untertext heraus, den der Schauspieler immer wieder neu gestaltet und vermittelt.

Der Schauspieler muß den Text des Stückes in die Musik seines Gefühls setzen und sie auf die Worte der Rolle übertragen. Erst wenn wir die Melodie der lebendigen Seele vernehmen, können wir die Schönheit des Textes und alles, was er in sich birgt, gebührend einschätzen. ...

Die Natur hat es so eingerichtet, daß wir beim Gespräch mit anderen zunächst mit unserem inneren Auge vor uns sehen, wovon die Rede ist, und erst dann von dem Gesehenen auch sprechen. Wenn wir dagegen anderen zuhören, nehmen wir zunächst mit den Ohren auf, was uns gesagt wird, und sehen dann erst das Gehörte in unserem inneren Auge.

Zuhören bedeutet in unserer Sprache, das vor uns zu sehen, wovon man zu uns spricht; sprechen dagegen heißt nichts anderes, als Vorstellungsbilder zeichnen. Das Wort ist für den Schauspieler nicht nur ein Laut, sondern es dient vor allem dazu, Bilder wachzurufen. ...

Aktivität, echtes, produktives, zielbewußtes Handeln ist das Wichtigste für unsere schöpferische Arbeit und daher auch für das Sprechen!

Sprechen ist auch nichts anderes als handeln. Zu dieser Aktivität verhilft uns die Aufgabe, unsere eigenen Vorstellungen an andere weiterzugeben. Dabei ist zunächst unwichtig, ob der andere auch wirklich sieht, was wir ihm übermitteln wollen. Die Sorge dafür können wir getrost unserem Mütterchen Natur und unserem Väterchen, dem Unbewußten überlassen. Ihr müßt lediglich den festen Willen haben, eure Vorstellungsbilder an die anderen weiterzugeben, und dieser Wille ruft dann schon das richtige Handeln hervor.

Es ist etwas völlig anderes, ob sich einer vor das hochverehrte Publikum hinstellt und irgend etwas herunterleiert, um darauf wieder zu verschwinden, oder ob er wirklich dabei handelt.

Das eine ist nichts als schauspielerhaftes Deklamieren, das andere echtes menschliches Sprechen. ...

Warum sollten wir uns die glücklichen Eigenschaften des visuellen Gedächtnisses nicht zunutze machen? Wenn wir den leichter zugänglichen Filmstreifen der Vorstellungsbilder in uns festigen, können wir dadurch unsere Aufmerksamkeit auch leichter auf die richtige Linie des Untertextes und der durchgehenden Handlung konzentrieren. Indem wir diese Linie beibehalten und immer nur von dem sprechen, was wir vor uns sehen, rufen wir auch wirklich immer wieder von neuem die Empfindungen in uns wach, die unser emotionales Gedächtnis aufbewahrt und die wir zum Erleben der Rolle so notwendig brauchen.

Während wir so unsere inneren Vorstellungsbilder betrachten, erfassen wir auch den Untertext der Rolle mit Verstand und Gefühl. ...

Lassen Sie den Film Ihrer Vorstellungsbilder möglichst oft vor Ihrem inneren Auge abrollen und zeichnen Sie wie ein Maler, schildern Sie wie ein Dichter, was und wie es Ihr inneres Auge bei jeder Aufführung immer wieder von neuem vor sich sieht. Wenn Sie das befolgen, werden Sie alles, was Sie auf der Bühne zu sagen haben, immer begreifen. ... Die Vorstellungskraft schläft nicht und ergänzt bei jeder Wiederholung die inneren Bilder durch neue Details, die den Filmstreifen des inneren Auges nur bereichern und noch mehr beleben. Daher sind die Wiederholungen für die Vorstellungsbilder und den gesamten illustrierten Untertext nur nützlich und keineswegs nachteilig. ...

Der Unterschied zwischen der logischen Pause und der psychologischen Pause besteht in folgendem: Während die logische Pause Takte und ganze Sätze mechanisch aufteilt und dazu beiträgt, deren Sinn zu erklären, haucht die psychologische Pause dem Gedanken, dem Satz oder dem Sprechtakt Leben ein und ist bemüht, deren Untertext offenbar werden zu lassen. Wenn die Sprache ohne logische Pausen sinnlos ist, so ist sie ohne psychologische Pausen leblos.

Die logische Pause ist passiv, formal und ohne eigene Wirkungskraft, die psychologische dagegen ist unbedingt aktiv und reich an innerem Gehalt.

Die logische Pause dient dem Verstand, die psychologische dagegen dem Gefühl. ...

Die psychologische Pause soll ein ... beredtes Schweigen sein. Sie ist ein überaus wichtiges Verständigungsmittel. ... Eine solche Pause ersetzt die Worte durch Blicke, durch Mimik, durch Ausstrahlung, durch Andeutungen, kaum wahrnehmbare Bewegungen und noch viele andere bewußte und unbewußte Verständigungsmittel.

Diese Mittel können im Schweigen das sagen, was das Wort nie vermag, und häufig sind sie viel intensiver, treffender und unwiderstehlicher als die Sprache. Ihre wortlose Aussage kann nicht weniger interessant, gehaltvoll und überzeugend sein als Worte.

In der Pause vermittelt man häufig gerade denjenigen Teil des Untertextes, der nicht vom Bewußtsein allein, sondern auch vom Unbewußten ausgeht und der im konkreten Ausdruck durch das Sprechen nicht zugänglich ist. Diese Empfindungen und ihr sichtbarer Ausdruck sind in unserer Kunst natürlich besonders wertvoll.

Kennen Sie eigentlich den Wert der psychologischen Pause? Sie unterwirft sich keinerlei Gesetzen, ihr selbst gehorchen jedoch ausnahmslos alle Sprachgesetze. (Verkörpern, S. 39 ff.)

Das Tempo bestimmt die Schnelligkeit oder Langsamkeit; es verkürzt oder verlängert die Handlung, beschleunigt oder verzögert das Sprechen.

Jede Handlung, jedes Aussprechen von Worten erfordert Zeit. Wenn man das Tempo beschleunigt, läßt man sich weniger Zeit und ist deshalb gezwungen, schneller zu handeln und zu sprechen. Wenn man dagegen das Tempo verlangsamt, bekommt man mehr Zeit und damit auch mehr Möglichkeiten, Wichtiges bis ins letzte zu gestalten und auszusprechen. Das ist der Takt! ... Der Takt ist das Zeitmaß. Es gibt jedoch verschiedene Takte. Ihre Dauer ist vom Tempo, das heißt von der Geschwindigkeit abhängig. Wir haben demnach auch unterschiedliche Zeitmaße. Takt ist ein relativer Begriff. Das Meter zum Beispiel ist ein feststehendes Maß. Es hat immer dieselbe, unveränderliche Länge. Die Takte, mit denen die Zeit gemessen wird, sind etwas ganz anderes.

Der Takt ist nicht unveränderlich wie das Meter.

Takt ist dasselbe wie Zeit.

Zeit wird durch Zeit gemessen. ...

Mit Hilfe des ... Metronoms teilen wir die vom Takt beanspruchten Zeiträume in die verschiedensten Abschnitte von unterschiedlicher Länge ein.

Aus ihnen werden unzählige Kombinationen gebildet, die die unendliche Zahl der möglichen Rhythmen innerhalb eines Taktes bilden.

Dasselbe geschieht auch in unserer schauspielerischen Arbeit. Unsere Handlungen und unser Sprechen werden innerhalb eines bestimmten Zeitraumes durchgeführt. Im Prozeß der Handlung muß die weiterlaufende Zeit durch einzelne Momente der verschiedensten, von Pausen unterbrochenen Bewegungen ausgefüllt werden. Beim Sprechen wird die weiterlaufende Zeit durch das Hervorbringen von Lauten unterschiedlicher Dauer und die zwischen ihnen liegenden Pausen ausgefüllt. ...

Wo der Tempo-Rhythmus richtig angewandt wird, da entstehen richtiges Gefühl und Erleben ganz von selbst. Wo jedoch der Tempo-Rhythmus nicht stimmt, da bilden sich genau an derselben Stelle der Rolle falsches Gefühl und Erleben aus, die man nicht korrigieren kann, ohne zuvor den falschen Tempo-Rhythmus zu ändern. ...

Wir brauchen den Tempo-Rhythmus nicht um seiner selbst willen, sondern immer in Verbindung mit den vorgeschlagenen Situationen, die eine konkrete Stimmung erzeugen, und in Verbindung mit dem inneren Sinn, den der Tempo-Rhythmus in sich birgt. Ein Militärmarsch, ein Fußmarsch auf einem Spaziergang oder ein Leichenzug können sehr wohl den gleichen Tempo-Rhythmus haben, und doch, welch ein Unterschied besteht zwischen ihrem jeweiligen inneren Gehalt, ihrer Stimmung und den feinen, kaum faßbaren charakteristischen Besonderheiten! Kurz gesagt, der Tempo-Rhythmus besitzt nicht nur äußere Eigenschaften, die uns unmittelbar beeinflussen, sondern er birgt auch einen inneren Sinn, der unser Gefühl anregt. In dieser Form wollen wir den Tempo-Rhythmus in unserem Gedächtnis bewahren und in unserer schöpferischen Arbeit brauchen. ...

Wenn wir denken, träumen oder traurig sind, so hat auch das seinen bestimmten Tempo-Rhythmus, denn unser Leben offenbart sich auch in allen diesen Momenten. Und wo Leben ist, da ist auch Handlung, und wo Handlung ist, da ist auch Bewegung, wo Bewegung ist, ist auch Tempo, und wo Tempo ist, da ist auch Rhythmus. ...

Wenn auch darin eine Bewegung liegt, so heißt das nichts anderes, als daß wir beim Sehen, beim Vermitteln oder Empfinden von Eindrücken, bei jeder Wechselbeziehung mit anderen ebenfalls einem bestimmten Tempo-Rhythmus folgen.

Man spricht oft vom Flug des Gedankens oder der Phantasie. Also haben auch sie eine Bewegung und demnach ihr Tempo und ihren Rhythmus.

Achten Sie nur einmal darauf, wie das Gefühl in Ihrem Inneren bebt, pocht, umgetrieben wird und vergeht. Auch diese unsichtbare Bewegung hat ihre Längen und Kürzen und folglich ihren Tempo-Rhythmus.

Jedes Faktum, jedes Ereignis spielt sich unbedingt in dem ihm entsprechenden Tempo-Rhythmus ab. Ob es sich beispielsweise um eine Kriegserklärung oder um ein Friedensmanifest, um eine Festsitzung oder einen Empfang von Delegationen handelt, sie alle haben ihren eigenen Tempo-Rhythmus.

Wenn der Tempo-Rhythmus dem jeweiligen Ereignis nicht entspricht, kann ein komischer Eindruck entstehen. Stellen Sie sich doch einmal ein Kaiserpaar vor, das im Laufschritt zur Krönung eilte!

Kurz gesagt, in jedem Augenblick unseres Daseins ist in uns und um uns ein bestimmter Tempo-Rhythmus lebendig. ...

Ein richtiger Tempo-Rhythmus ist für die gesamte Aufführung von großer Bedeutung. Nicht selten hat ein hervorragendes, gut inszeniertes und gut gespieltes Stück nur darum keinen Erfolg, weil es in einem zu langsamen oder in einem unangebracht raschen Tempo gespielt wird. Sie brauchten nur einmal zu versuchen, eine Tragödie im Tempo eines Vaudeville und umgekehrt einen Vaudeville im Zeitmaß einer Tragödie zu spielen! Oft hat ein durchschnittliches Stück in einer durchschnittlichen Inszenierung und Darstellung, das jedoch in einem dynamischen, flotten Tempo gespielt wird, nur darum Erfolg, weil es einen heiteren, frischen Eindruck hervorruft. ..

Alles, was Sie über den Tempo-Rhythmus gehört haben, läßt erkennen, daß er der beste Freund und Gehilfe des Gefühls ist, weil er sehr oft direkt, unmittelbar, ja mitunter sogar fast mechanisch das emotionale Gedächtnis anregt und damit auch das innere Erleben selbst wachruft.

Daraus ergibt sich als natürliche Folgerung:

Erstens ist es unmöglich, bei einem falschen, unpassenden Tempo-Rhythmus richtig zu empfinden.

Zweitens kann man nicht den richtigen Tempo-Rhythmus finden, ohne gleichzeitig die entsprechenden Empfindungen zu haben. Zwischen Tempo-Rhythmus und Gefühl, wie auch umgekehrt zwischen Gefühl und Tempo-Rhythmus, besteht eine unauflösliche Abhängigkeit und Wechselwirkung.

Machen Sie sich bitte wirklich klar, was ich Ihnen damit sage! Es geht hier um nichts Geringeres, als daß wir mit Hilfe des äußeren Tempo-Rhythmus unmittelbar, bisweilen sogar mechanisch auf unser launisches, eigenwilliges, ungehorsames und furchtsames Gefühl einwirken können! Auf dasselbe Gefühl, dem man nichts befehlen kann, das vor der geringsten Gewaltanwendung zurückschreckt und sich in die tiefsten Verstecke zurückzieht, wo es für uns unerreichbar wird; dasselbe Gefühl, auf das wir bisher nur auf indirektem Wege mit Hilfe von Lockmitteln einwirken konnten. Und auf einmal haben wir einen direkten, unmittelbaren Zugang zu ihm gefunden!!!

Das ist doch wahrlich eine großartige Entdeckung! Und wenn das so ist, kann der richtig angewandte Tempo-Rhythmus eines Stückes oder einer Rolle von allein, intuitiv, unbewußt, mitunter sogar mechanisch das Gefühl des Schauspielers packen und das richtige Erleben in ihm wachrufen. ...

Es gibt viele Schauspieler, die sich einzig und allein für die äußere Form der gebundenen Sprache, für ihren Rhythmus und Reim begeistern, dabei jedoch den Untertext und den inneren Tempo-Rhythmus des Gefühls und Erlebens vollständig vergessen. Diese Schauspieler erfüllen alle äußeren Forderungen der gebundenen Sprache mit einer an Pedanterie grenzenden Präzision. Sie sprechen den Reim überaus klar und deutlich, skandieren die Verse, heben dabei die betonten Momente mechanisch hervor und haben größte Angst davor, das mathematisch exakte Gleichmaß des Rhythmus zu zerstören. Sie fürchten sich auch, Pausen zu machen, weil sie die Leere in der Linie des Untertextes empfinden. In Wirklichkeit kennen sie jedoch gar keinen Untertext, und ohne ihn kann man auch nichts für den Text selbst empfinden, weil ein nicht von innen heraus belebtes Wort nichts zu sagen hat. In diesem Fall kann man sich lediglich äußerlich für den Rhythmus und Reim der hervorgebrachten Laute interessieren.

Daher kommt das mechanische Verseplappern, das wir nie als Vortrag gebundener Sprache anerkennen dürfen.

Genauso verfahren die Schauspieler dieses Typs auch mit dem Tempo. Wenn sie sich erst einmal für eine bestimmte Geschwindigkeit entschieden haben, so behalten sie sie unverändert bei, ohne daran zu denken, daß das Tempo immerfort lebendig bleiben, vibrieren und sich bis zu einem gewissen Grad auch verändern muß." (Verkörpern, S. 114 ff.)

10. Erste Bekanntschaft mit der Rolle – Stück- und Rollenanalyse – Abschnitte und Aufgaben – Überaufgabe und Durchgehende Handlung

Es ist sehr schlimm, daß solch ein wichtiger Prozeß, wie es die erste Bekanntschaft mit dem Werk eines Dichters ist, sich irgendwo und irgendwann abspielt, in der Eisenbahn, in der Droschke oder Straßenbahn. Noch schlimmer ist es, daß dies oft nicht nur geschieht, um ein Stück kennenzulernen, sondern, um sich eine dankbare Rolle auszusuchen.

Auf diese Art also machen sich die Künstler zum erstenmal mit den besten klassischen Werken bekannt! So also treten sie an die Rolle heran, mit der sie früher oder später eins werden müssen und in der sie ihr zweites 'Ich' finden sollen. Den Augenblick des Bekanntwerdens des Künstlers mit der Rolle kann man mit der ersten Begegnung zukünftiger Ehegatten vergleichen. Er ist unvergeßlich.

Ich lege den ersten Eindrücken fast entscheidende Bedeutung bei. In meiner persönlichen Praxis geht es gewöhnlich so vor sich: Das, was ich zum erstenmal gefühlt habe, sei es Gutes oder Schlechtes, findet zu guter Letzt in meinem Schaffen unbedingt Ausdruck. Wie sehr man sich auch von seinen ersten Eindrücken abzubringen sucht, so werden sie doch ihren Platz behalten. Man kann sie vervollkommnen oder glätten, auslöschen kann man sie nicht. Das würde entweder die Arbeit vollkommen zunichte machen oder sie lähmen, das Gefühl entwurzeln, oder es vergeblich beiseite schieben, oder den Arbeitseifer abkühlen. Die ersten Eindrücke, ob sie nun gut oder schlecht sind, prägen sich, weil sie überraschend und ursprünglich sind, fest in das Gedächtnis des Künstlers ein und sind die Keime seines schöpferischen Gefühls. Außerdem drückt die erste Bekanntschaft mit der Rolle der ganzen weiteren Arbeit des Künstlers nicht selten einen Stempel auf. Wenn die Eindrücke, die das erste Lesen hinterläßt, richtig sind, so ist dies eine Gewähr für den weiteren Erfolg. Jeder folgenden Lektüre fehlen die Elemente der Überraschung, die auf dem Gebiet des Schaffens so machtvoll sind. Einen verdorbenen Eindruck wiedergutzumachen ist schwieriger als den richtigen zu empfangen.

Man muß bei der ersten Bekanntschaft mit der Rolle äußerst aufmerksam sein, da sie die erste Etappe des Schaffens ist. Es ist gefährlich, diesen Moment durch falsches Herangehen an das Werk eines Dichters zu verderben, denn das kann eine falsche Vorstellung vom Stück und von der Rolle hervorrufen oder etwas noch schlechteres: Voreingenommenheit. ...

Aber es genügt noch nicht, für die unmittelbare Aufnahme der ersten, ursprünglichen Eindrücke von vorgefaßten Meinungen frei zu sein. Man muß außerdem bei der ersten Lektüre jene Stimmung in sich schaffen können, die die Aufnahmefähigkeit verstärkt und die schöpferische Phantasie freimacht. Man muß sich ganz und gar der Macht der ersten Eindrücke hingeben können, muß es verstehen, Zeit und Ort für die erste Bekanntschaft mit dem Stück auszuwählen und die erste Lektüre mit einer gewissen Feierlichkeit zu umgeben, die die Seele anregt, ihr zu Konzentration und Aufmerksamkeit verhilft und das Gefühl entflammt. Man muß dafür sorgen, daß nichts die Lektüre stört. Man muß körperlich und seelisch frisch sein. Jeder weiß aus Erfahrung, was gerade er dazu braucht. Die einen lesen das Stück gern selbst in der Stille ihres Arbeitszimmers, die anderen ziehen es vor, das Stück in Gegenwart der ganzen Künstlerfamilie zu hören. ...

Es ist ein großes Glück, wenn das Einswerden des Künstlers mit der Rolle sogleich vor sich geht. Das ist ein Beispiel für unmittelbares, intuitives Eindringen in die Rolle, wobei für Voreingenommenheit kein Platz ist. In diesen Fällen ist es am besten, alle Technik zeitweilig zu vergessen und sich gänzlich der schöpferischen Natur anzuvertrauen.

Aber leider sind solche Fälle außerordentlich selten - es ist einer von hundert; eine Ausnahme, die die Regel bestätigt. Bei weitem häufiger prägen sich nach dem ersten Durchlesen nur einzelne Momente der Rolle in die Seele ein. Das übrige bleibt noch unklar, unverstanden und fremd. Bruchstücke von Eindrücken und Gefühlsimpulse, die sich nach der ersten Lektüre bewahrt haben, pflegen über das ganze Stück zerstreut zu sein wie Oasen in der Wüste oder Lichtflecke in der Dunkelheit. ...

Gerade, weil es so schwer ist, sich von Voreingenommenheit zu befreien, muß man recht bald lernen, sie nach Möglichkeit zu vermeiden; außerdem muß man verstehen, sich die Freiheit seiner Meinungen zu bewahren, wenn irgendein Druck auf sie ausgeübt wird. ...

Man muß fremden Ansichten Gehör schenken - und zwar soviel wie möglich. Sie ergänzen das Material der schöpferischen Arbeit. Aber dabei muß man lernen, seine Selbständigkeit zu bewahren und sich vor Voreingenommenheiten zu schützen. Man muß dazu kommen, sich seine eigene Meinung zu bilden und sich nicht unüberlegt fremden Ansichten auszuliefern. Man muß frei sein können. Das ist eine schwere Kunst. Man erwirbt sie nicht durch die Kenntnis irgendeines bestimmten Gesetzes. Man muß dazu alle nur möglichen Theorien kennen und auch in seiner künstlerischen Technik über reiche Kenntnisse und praktische Erfahrungen verfügen. Aber vor allem ist persönliche, konzentrierte Gedankenarbeit, Eindringen in das Wesen des Gegenstandes, langjährige Praxis und Erfahrung notwendig.

Benutzen Sie schon die Studienzeit, um Ihre Kenntnisse zu ergänzen, und um zu lernen, diese in der Praxis anzuwenden. Nach und nach werden Sie erfahren, wie man sich in den Eindrücken eines neuen Stückes zurechtfindet, wie man das Unnötige und Unwichtige abwirft und das Grundlegende findet, wie man auf andere und auf sich selbst hört, wie man Voreingenommenheit vermeidet und auch in jeder fremden Meinung sich selbst findet. Bei diesen Fragen wird Ihnen das Studium der Weltliteratur eine sehr große Hilfe sein. Achten Sie einmal darauf, mit welcher Leichtigkeit sich Menschen mit guter literarischer Bildung in neuen Werken zurechtfinden. Sie erfassen sofort die Struktur des Stückes, erkennen seine Hauptidee und durchschauen leicht die Entwicklung seiner Fabel. Es ist, als ob sie das Werk schnell zergliederten. Ein Stück hat, wie jeder lebendige Organismus, sein Skelett, seine Glieder, sein Herz und sein Gehirn. Darin so bewandert wie ein Anatom, wird jeder Literaturkenner, der die Bestandteile eines Werkes studiert hat, sein unsichtbares Skelett erraten. Er findet sich sofort zurecht und erkennt seine Bewegungs- und seine Empfindungszentren. Er bewertet die gesellschaftliche und literarische Bedeutung des Werkes, sieht die Fehler und Hemmungen oder die Abweichungen von der Entwicklung des Hauptthemas. ...

Mögen die Künstler nach ihrer ersten Bekanntschaft mit dem Stück und der Rolle ihrer künstlerischen Begeisterung immer mehr und mehr die Zügel schießen lassen, mögen sie sich untereinander damit anstecken, sich von dem Stück hinreißen lassen und es vollständig und an einzelnen Stellen immer wieder lesen; mögen sie die Stellen, die ihnen gefallen, im Gedächtnis behalten und sich gegenseitig die vielen neuen Schönheiten des Stückes offenbaren; mögen sie streiten, schreien und sich erregen. Mögen sie von ihren eigenen Rollen wie von denen der anderen und von der Aufführung träumen. Begeisterung und Enthusiasmus sind die besten Mittel, um dem Stück und der Rolle näherzukommen und sie kennenzulernen. Die Fähigkeit, seine Gefühle, seinen Willen und seinen Verstand in Begeisterung zu versetzen, gehört zu den Eigenschaften, zu der Begabung eines Künstlers und zu den wichtigsten Aufqaben der inneren Technik. (Rolle, S. 21 ff.)

... Ich wiederhole noch einmal, daß es am besten ist, wenn die Rolle als Ganzes dem Künstler von selbst und natürlich eingeht. In solchen Fällen kann man System und Technik vergessen und sich der Macht der Zauberin Natur überlassen. Dies ist aber leider mit keinem von uns geschehen. ... Was könnten wir nun tun, um an den noch nicht zum Leben erweckten Stellen des Stückes neue Lichter in der Dunkelheit zu entzünden, die Sie der inneren Welt der darzustellenden Menschen noch näherzubringen vermögen?

Dazu benötigen wir einen Arbeitsgang. Wir nennen ihn: Prozeß der Erkenntnis des Stückes und der Rolle durch Analyse. Gewöhnlich versteht man unter Analyse nur verstandesmäßige Untersuchung: auf dem Gebiet des künstlerischen Schaffens jedoch ist solch eine einseitige Auffassung der Analyse schädlich, und zwar aus folgenden Gründen: Der Zweck der Analyse besteht darin, die Erreger der künstlerischen Begeisterung zu suchen, ohne die man sich der Rolle nicht schöpferisch nähern kann. Der Zweck der Analyse besteht außerdem darin, sich eindringlich in die Seele der Rolle zu vertiefen, um ihre einzelnen Elemente, ihre Natur, ihre ganze innere Welt und das ihr innewohnende geistige Leben zu studieren.

Der Zweck der Analyse besteht ferner darin, die äußeren Lebensverhältnisse und Ereignisse des Stückes zu studieren, soweit sie auf das innere Leben der Rolle einwirken. Endlich besteht der Zweck der Analyse darin, in der eigenen Seele die gemeinsamen und der Rolle verwandten Gefühle, Empfindungen, Erlebnisse und Elemente für die Annäherung zu suchen, kurz, das für unser Schaffen erforderliche Material auszuwählen.

Wie Sie sehen, hat die Analyse viele Aufgaben. Aber zu Beginn der Arbeit muß man mit Hilfe der Analyse vor allem die schöpferischen Erreger finden, verstehen und entsprechend bewerten, die in einem guten oder genialen dichterischen Werk bei der ersten, freien zwanglosen Beschäftigung unbemerkt geblieben sind. Ein begabter Schauspieler ist empfänglich für alles Schöne und wird daher zweifellos mit Enthusiasmus auf die Entwicklung der schöpferischen Erreger reagieren, die ganz natürlich schöpferische Begeisterung in ihm wecken. Diese erzeugt aber wiederum neue Lichtflecke in der Dunkelheit und ein echtes, wenn auch vorübergehendes Gefühl. Diese neuen Lichtflecke bringen den Schauspieler der Rolle immer näher.

So besteht also die nächste Aufgabe darin, die noch im Werk des Dichters versteckten Erreger der künstlerischen Begeisterung zu finden. Es handelt sich lediglich darum, wie wir das Material für die schöpferische Begeisterung finden sollen. Die verstandesmäßige Analyse ist bei unserer Arbeit sehr wichtig, aber wenn man sie gesondert als Selbstzweck und unabhängig von den grundlegenden Erkenntniszielen vornimmt, so ist sie für das Schaffen schädlich. Denn dann hemmt sie nicht selten den unmittelbaren Ausbruch der schöpferischen Empfindung und verdrängt das Unterbewußte, das beim Schaffen so wichtig ist. Der Verstand durchsucht wie ein Aufklärer alle Gebiete, alle Richtungen und alle Bestandteile des Stückes und der Rolle; er bereitet wie ein Vortrupp die neuen Wege für das weitere Suchen nach der Empfindung vor. Das schöpferische Gefühl geht auf den vom Verstand vorbereiteten Wegen, und wenn es seine Forschung beendet hat, tritt der Verstand wieder hervor, aber schon in einer neuen Rolle: er schließt wie eine Nachhut das siegreiche Vordringen des schöpferischen Gefühls und befestigt seine Eroberungen.

Bei unserer Art der Analyse muß man also dem schöpferischen Gefühl weiten Spielraum lassen, und nur dann, wenn es sich durch nichts erregen läßt, soll man den Verstand zur Aufklärung losschicken. Nur die Empfindung ist imstande, in alle Schlupfwinkel der Rolle und der Seele des Künstlers einzudringen, wo man das, was tief in den Seelen der Menschen verborgen ruht, finden, erforschen und erraten muß.

Die Analyse ist ein Mittel zur Erkenntnis, und in unserer Kunst heißt erkennen: empfinden.

Je genauer, vielseitiger und tiefgründiger die Analyse ist, um so größer sind die Aussichten auf Erfolg; um so mehr Erreger für die schöpferischen Empfindungen und um so mehr Schlüssel zu den Schlupfwinkeln des Schaffens werden gefunden; um so größer ist die Begeisterung; um so stärker ist die Annäherung und um so enger ist die Verbindung des Künstlers mit der Rolle. Und wenn für die Annäherung an die Rolle Begeisterung notwendig ist, so ist für die Begeisterung auch die Erkenntnis, das heißt die Analyse, unerläßlich.

Womit soll man sie beginnen? ... Zuerst muß man eine allseitige, allgemeine Analyse des Stückes und der Rolle vornehmen. Erst dann kann man zum Besonderen übergehen: zur Zergliederung der Rolle, um jedes Teil einzeln zu untersuchen. Dann kann man, wie ein Restaurator, aus den einzeln zum Leben erwachenden Teilen das Ganze erraten.

Wenn Ihre Behandlung der Dichtung bisher spontan und fast zufällig war, so muß sie jetzt bewußt werden.

Unsere Technik hat viele Methoden, das Stück und die Rolle mit Hilfe der Analyse zu erkennen.

Man kann den Inhalt des Stückes erzählen, man kann Einzeldarstellungen von Vorgängen und den vom Autor gegebenen Umständen machen. Man kann das Stück in Abschnitte einteilen, es zergliedern, man kann es von verschiedenen Gesichtspunkten aus studieren, man kann Fragen stellen und sie beantworten. Man kann den Text mit der richtigen Betonung der Worte und mit Pausen lesen. Man kann in Vergangenheit und Zukunft des Stückes blicken. ... Man kann für die Abschnitte und Aufgaben Überschriften suchen und so weiter. Das alles sind verschiedene Methoden ein und desselben Prozesses: der Analyse (der Erkenntnis) des Stückes und der Rolle. ...

Beginnen wir damit, daß es eine allgemeine und eine spezielle Analyse gibt. ...

Die allgemeine Analyse zerlegt Stück und Rolle in kleine und große Bestandteile, oder, mit anderen Worten, sie teilt das Stück in große und kleine Abschnitte ein und sucht die in ihnen steckenden Aufgaben. Auf diese Weise wird die allgemeine Struktur des Stückes und der Rolle erkannt, die der Künstler sehr gut kennen und empfinden muß. Die Hauptanalyse definiert letzten Endes die Hauptidee oder die Überaufgabe des dichterischen Werkes und die zu ihr führende durchgehende Handlung.

Die spezielle Analyse spielt eine helfende Rolle. Sie ist dann notwendig, wenn das ganze Stück oder ein größerer Komplex von einem Schauspieler nicht gleich erfaßt wird. Wenn er aber jeden kleinen Bestandteil genau betrachtet und ausführlich studiert, erkennt er zu guter Letzt auch einen größeren Teil oder das ganze Stück. Aber man soll ein Stück nicht unnötig zergliedern, da dies die Arbeit erschwert und oft keine Hilfe ist, sondern nur hindert, das Ganze zu erfassen. Dies bezieht sich besonders auf die innere Seite der Rolle. Die spezielle Analyse verhilft auch zum Verständnis beim sorgfältigeren Studium der Fabel des Stückes. Dies bezieht sich auf die Vorgänge, Episoden und Handlungen des Stückes, wie auch auf die Umstände, die vom Autor, vom Regisseur und von allen Schöpfern der Aufführung, besonders auch vom Schauspieler selbst, gegeben werden.

Die spezielle Analyse verhilft zu einem gründlichen Studium der Logik und richtigen Aufeinanderfolge der Ereignisse, Handlungen, Empfindungen und der Gedankenentwicklung des Stückes und der Rolle. ...

Ein Stück und eine Rolle haben viele Aspekte, unter denen man sie betrachten muß, beziehungsweise viele Schichten, in denen ihr Leben verläuft.

Große Aufmerksamkeit verdient der äußere Aspekt (Tatsachen, Ereignisse, Fabel, Aufbau des Stückes). Damit hängt der Aspekt der Lebensform, der Sitten und Gebräuche, eng zusammen.

Dann gibt es den literarischen Aspekt, den der äußeren stilistischen Form (Stilistik).

Es gibt den ästhetischen Aspekt, der Dramaturgie, Bühnengesetzmäßigkeit, Regie, Inszenierung, Bühnenbild, plastische Bewegung und Musik umfaßt.

Es gibt den psychologischen Aspekt, nämlich den der lebendigen geistigen Bestrebungen, der Logik des Gefühls, der inneren Charakterzeichnung, der Harmonie seelischer Regungen und der seelischen Verfassung, des Wesens der inneren Gestalt und so weiter.

Es gibt den physischen Aspekt der grundlegenden Gesetze und Eigenschaften der menschlich-organischen Natur, den der äußeren Charakterzeichnung, das heißt des typischen Aussehens, der Maske, der Umgangsformen, der Angewohnheiten, des Kostüms und so weiter.

Es gibt den Aspekt des persönlichen Empfindens des Schauspielers, d.h. den seines eigenen Befindens (in der Rolle). Alle diese Aspekte werden von unserem Gefühl, unserem Denken und Gedächtnis bewußt aufgenommen. Sie erwachen zum Leben, verschmelzen miteinander und vermitteln uns nicht nur die äußere Form, sondern auch das innere oder geistige Bild des Stückes und sein ideelles, soziales, philosophisches und ästhetisches Wesen.

Das literarische Werk eines Dramatikers, das Theaterstück, ist zwar ein in sich geschlossenes Werk des Dichters, aber es ist so lange kein vollendetes Bühnenwerk, ehe es nicht seine lebendige Verkörperung durch den Schauspieler auf der Bühne gefunden hat. So, wie Noten allein oder eine Partitur noch nicht als Musik erklingen, so ist auch das Geschriebene noch keine Bühnenschöpfung. ...

Das Thema und die Worte für unser Schaffen gibt uns der Autor in seinem als Dichtung abgeschlossenen Werk, damit wir es als Bühnenwerk vollenden.

Um Mitarbeiter des Dichters zu werden und ein Bühnenwerk, eine Aufführung, zu schaffen, muß der Schauspieler nicht nur das Thema des Werkes, sondern auch seine fertige sprachliche Form vollkommen in sich aufnehmen. Es genügt nicht, sie nur zu kennen; man muß sie organisch aufnehmen, das heißt, man muß das fremde Thema und die sprachliche Form verarbeiten und zu etwas Eigenem machen. (Rolle, S. 76 ff.)

Der Schauspieler muß seine Rolle .. nicht nach den kleinen Abschnitten orientieren, die nicht zu zählen und nicht zu behalten sind, sondern nach den großen Hauptabschnitten, durch die der schöpferische Weg führt. ... Das Aufteilen des Theaterstücks und der Rolle in kleine Abschnitte ist nur als Interimsmaßnahme erlaubt. ...

Das Theaterstück und die Rolle können in einem aufgebröselten Zustand, als lauter Scherben nicht lange bestehen. Eine zerbrochene Plastik, ein zerfetztes Bild sind keine Kunstwerke mehr, so schön ihre Einzelteile auch sein mögen. Mit den kleinen Abschnitten haben wir es nur bei der Vorarbeit zu tun, im Augenblick des Spielens aber schließen sie sich zu großen Abschnitten zusammen, deren Umfang möglichst groß, deren Anzahl aber möglichst klein sein soll. Je größer die Abschnitte sind, desto geringer wird ihre Anzahl; je weniger es sind, um so leichter ist es, mit ihrer Hilfe das Theaterstück und die Rolle als ein Ganzes zu erfassen. ...

Die gut durchgearbeiteten großen Abschnitte werden vom Schauspieler leicht aufgenommen. Auf die ganze Länge des Theaterstücks verteilt, haben sie die Funktion der Fahrtrinne. Sie weisen uns den rechten Weg und führen sicher an gefährlichen Sandbänken und Riffen vorbei durch das verworrene Labyrinth eines Dramas, in dem man sich so außerordentlich leicht verirren kann.

Leider verzichten viele Schauspieler auf diese Arbeitsmethode. Sie verstehen es nicht, ein Schauspiel zu gliedern, sich darin zurechtzufinden, und sind daher auf eine unglaubliche Anzahl nichtssagender, beziehungsloser Abschnitte angewiesen. Es gibt dann so viele, daß sich der Schauspieler verwirrt und das Gefühl für das Ganze verliert. ... Die Technik des Aufgliederns in Abschnitte ist verhältnismäßig einfach. Stellen Sie sich die Frage: 'Was ist für das betreffene Schauspiel unentbehrlich?' Besinnen Sie sich dann auf seine wesentlichen Etappen, ohne auf die Einzelheiten einzugehen. ...

Die Bedeutung der Abschnitte für den Schauspieler werden Sie mit der Zeit in der Praxis erfahren. Was ist es für eine Qual, in einer schlecht analysierten und schlecht durchgearbeiteten Rolle, die nicht übersichtlich und klar gegliedert ist, auf die Bühne zu kommen. Wie schwer spielt sich eine solche Aufführung, wie ermüdend ist sie für den Schauspieler, wie endlos zieht sie sich hin, wie erschreckt sie durch ihre ungeheure Länge! In einer gut vorbereiteten und durchgearbeiteten Rolle dagegen fühlt man sich ganz anders. Beim Schminken denkt man nur an den Abschnitt, der jetzt drankommt - natürlich im Zusammenhang mit dem ganzen Stück und seiner tragenden Idee. Hat man den ersten Abschnitt gespielt, konzentriert man die Aufmerksamkeit auf den zweiten, dann auf den dritten und so weiter. Eine Aufführung dieser Art spielt sich leicht. ...

Wir müssen das Schauspiel nicht nur zum Analysieren und Kennenlernen in Abschnitte einteilen, sondern auch noch aus einem anderen, wichtigeren Grunde, der im innersten Wesen eines jeden Abschnitts verborgen ist. Es ist nämlich so, daß jeder Abschnitt eine schöpferische Aufgabe enthält. Die Aufgabe entsteht organisch aus dem Abschnitt. ... Wie die Abschnitte müssen auch die Aufgaben logisch und folgerichtig - eine aus der anderen - entstehen. ... Gerade die Aufgaben sind die Lichter, die die Linie der Fahrtrinne bezeichnen und verhindern, daß man bei den einzelnen Teilstrecken in die Irre geht. Das sind die Grundetappen der Rolle, auf die sich der Schauspieler während des Spielens orientiert. ...

Die Fehler der meisten Schauspieler liegen darin, daß sie nicht an das Handeln, sondern lediglich an sein Resultat denken. Sie lassen die eigentliche Handlung außer acht und sind geradewegs auf das Resultat aus. So entsteht eine Überbetonung der Resultate, etwas Gewaltsames, das eben nur eine handwerkliche Leistung ergeben kann. Prägen Sie sich ein und machen Sie es sich zur Gewohnheit, die Resultate auf der Bühne nicht zu überschätzen und zu übertreiben, sondern die ganze Zeit, in der Sie auf der Bühne stehen, die Aufgaben durch Handlung wahrhaftig, produktiv und zweckmäßig zu erfüllen. Man muß seine Aufgaben lieben und aktive Handlungen dafür zu finden wissen. ...

Wie richtig eine Aufgabe auch sein mag, ihre hauptsächliche und wesentliche Eigenschaft liegt in ihrem Reiz, in ihrer Verlockung für den Schauspieler. Es ist notwendig, daß die Aufgabe gefällt, daß sie anregt, daß sie der Schauspieler gern ausführen möchte. Solche Aufgaben besitzen Anziehungskraft, wie ein Magnet ziehen sie die schöpferische Kraft des Schauspielers an.

Aufgaben mit diesen für einen Schauspieler unbedingt erforderlichen Eigenschaften nennen wir schöpferische Aufgaben. Außerdem ist es aber auch wichtig, daß die Aufgaben tragbar, zugänglich, ausführbar sind, sonst vergewaltigen sie die Natur des Schauspielers. ...

Jede physische Aufgabe enthält auch eine psychologische, und jede psychologische eine physische Aufgabe, wenn man sie ausführt. Da gibt es nichts zu trennen. ...

Wo findet man aus dem Abschnitt die Aufgabe heraus? Die Psychotechnik dieses Vorgangs besteht darin, daß man für jeden Abschnitt eine entsprechende Benennung finden soll, die dessen Wesen am besten charakterisiert. ...

Die Benennung ist die Synthese, der Extrakt des Abschnitts. Man muß sein inneres Wesen herauspressen, muß es dann kristallisieren und für den gewonnenen Kristall eine entsprechende Benennung finden. Während der Schauspieler nach diesem Wort sucht, sondiert er damit schon den Abschnitt, analysiert und kristallisiert ihn, zieht die Synthese daraus. Bei der Suche nach dem Namen findet man die Aufgabe. ... Ich möchte Ihnen empfehlen, die Aufgabe niemals mit einem Substantiv zu bezeichnen. Das wollen wir uns für die Bezeichnung des Abschnitts aufheben. Szenische Aufgaben müssen unbedingt durch Verben bestimmt werden. ... Durch seine Aussage bestimmt das Substantiv die Begriffe konkret oder abstrakt, ohne auf Handlung und Aktivität hinzuweisen. Aber jede Aufgabe muß unbedingt aktiv sein. ...

Wollen doch mal sehen, was daraus wird, wenn wir ... die Aufgabe statt mit dem Substantiv mit dem entsprechenden Verb bezeichnen. ...

Dafür gibt es ein ganz einfaches Mittel ... und zwar setzen Sie, bevor Sie das Verb nennen, vor das umzuwandelnde Substantiv die Wörtchen 'ich will'. ...

Nehmen wir an, es handelt sich um das Wort 'Macht'. Schicken Sie ihm das Wörtchen 'ich will' voraus. Das ergibt: 'Ich will Macht haben'. Ein derartiges Wollen ist zu allgemein und nicht real. Um es zu beleben, müssen Sie ein konkreteres Ziel einführen. ...

'Ich will mächtig sein.'...

Das Wort 'sein' bezeichnet einen statischen Zustand: Es hat keine Aktivität, die eine aktive Handlung unbedingt braucht.

'Ich will Macht bekommen.'...

Das kommt schon näher an Aktivität heran, ist aber doch noch zu allgemein und als Einzelhandlung nicht ausführbar. Tatsächlich versuchen Sie mal, sich jetzt auf diesen Stuhl zu setzen und Macht 'im allgemeinen' bekommen zu wollen. Wir brauchen eine konkretere, näherliegende, realere, ausführbare Aufgabe. ...

'Ich will Macht, um das Leben zu genießen, um fröhlich zu leben, um geehrt zu werden, um meinen Liebhabereien nachgehen zu können, um meine Eitelkeit zu befriedigen.'...

Dieses Wollen ist realer und schon eher durchführbar, doch um es zu befriedigen, werden Sie zuerst eine Reihe von Hilfsaufgaben ausführen müssen. Dieses Endziel ist nicht auf einmal zu erreichen, man nähert sich ihm allmählich, als steige man Stufe um Stufe bis zum oberen Stockwerk empor, das man ja auch nicht mit einem Schritt erreichen kann. Und so sollen Sie auch über jede Stufe gehen, die zu Ihrer Aufgabe hinführt, und diese Stufen zählen. (Erleben, S. 131 ff.)

Vereinbaren wir miteinander, künftig das grundlegende, umfassende Ziel, das alle anderen Aufgaben in sich vereinigt, worauf sich das schöpferische Streben der Antriebskräfte des psychischen Lebens und alle Elemente des inneren Befindens der Einheit Schauspieler-Rolle beziehen - vereinbaren wir also, dieses Ziel künftig 'Die Überaufgabe des Stückes' zu nennen. ...

Was auch im Stück vorgeht, die einzelnen großen und kleinen Aufgaben, die schöpferischen Gedanken und Handlungen des Schauspielers, die der Rolle entsprechen - alle dienen der Verwirklichung der Überaufgabe des Stückes. Alles, was in einer Aufführung geschieht, ist so fest mit der Überaufgabe verbunden und so stark von ihr abhängig, daß selbst die winzigste Nichtigkeit, die keine Beziehung zu ihr hat, schädlich und überflüssig wird, vom Wesen des Werkes wegführt. Die Einstellung auf die Überaufgabe muß konzentriert, ununterbrochen und durchgängig für das ganze Stück, für die ganze Rolle sein. ...

Und was ist von der Überaufgabe zu sagen, die unsere schöpferische Phantasie anregt, unsere ungeteilte Aufmerksamkeit erfordert, das Gefühl für Wahrhaftigkeit befriedigt, den Glauben an die Wahrhaftigkeit und alle anderen Elemente des richtigen Befindens im Schauspieler weckt? Jede Überaufgabe, die die Antriebskräfte des psychischen Lebens weckt und die verschiederen Elemente des Schauspielers anregt, brauchen wir wie das tägliche Brot.

Es zeigt sich also, daß wir eine Überaufgabe brauchen, die den Ideen des Dichters entspricht, aber gleichzeitig auch ein unüberhörbares Echo in der Seele des Schauspielers hervorruft. Diese Notwendigkeit kann durch kein formales, intellektualistisches Erleben, sondern nur durch das wirkliche, lebendige, menschliche, unmittelbare Erleben erfüllt werden.

Mit anderen Worten: Der Schauspieler muß die Überaufgabe nicht nur in der Rolle, sondern auch in der eigenen Seele suchen.

Die Überaufgabe einer Rolle, die für alle Darsteller dieser Rolle verpflichtend ist, klingt in jedem Schauspieler auf andere Weise auf. Die Aufgabe ist dieselbe - und doch nicht dieselbe. Nehmen wir zum Beispiel die verbreitete menschliche Einstellung: 'Ich will angenehm leben!' Wie viele verschiedenartige feine Schattierungen liegen allein in diesem 'ich will', in den Methoden, das Ziel zu erreichen, überhaupt in der Vorstellung vom 'angenehmen Leben'. Da ist viel Persönliches, Individuelles, das nicht immer einer bewußten Bewertung unterworfen werden kann. Und bei einer komplizierten Überaufgabe bekommen die menschlichen Besonderheiten jedes Schauspielers noch mehr Gewicht. Die Wahl der Benennung spielt in dem schwierigen Prozeß, die Überaufgabe aufzuspüren und festzulegen, eine große Rolle. Es ist Ihnen ja bereits bekannt, daß treffende Benennungen schon den einfachen Abschnitten und Aufgaben Kraft und Bedeutung verleihen. Wir sprachen seinerzeit auch darüber, daß die schöpferische Aktivität gesteigert wird, wenn man dabei ein Substantiv durch ein Verb ersetzt. Das gilt in noch stärkerem Maße für die Benennung der Überaufgabe. ... Es erweist sich, daß von der treffenden Formulierung, vom Aktivitätsgrad eines solchen Namens nicht selten Aussage und Interpretation eines Werkes abhängig sind. ...

(Eine) Metamorphose macht... die Tragödie Hamlets durch, wenn man die Bezeichnungen der Überaufgabe verändert. Heißt sie 'Ich will das Andenken meines Vaters ehren', erhält das Familiendrama das Übergewicht. Durch die Bezeichnung 'Ich will die Geheimnisse des Seins ergründen,' entsteht eine mystische Tragödie. Der Mensch, der einmal über den Zaun des Lebens geschaut hat, kann nicht mehr existieren, ohne sich in der Frage nach dem Sinn des Seins zu verzehren. Manche sehen in Hamlet gern einen zweiten Messias, der mit dem Schwert in der Hand die Erde von ihrer Verworrenheit säubern will. Die Überaufgabe 'Ich will die Menschheit retten' würde aber die Tragödie noch erweitern und vertiefen. ...

Sehr häufig kristallisiert sich die Überaufgabe erst nach der Aufführung des Stückes, bei den Vorstellungen, heraus. Oft genug helfen die Zuschauer dem Schauspieler, die richtige Benennung der Überaufgabe zu finden. ...

Die Überaufgabe soll so fest wie nur irgend möglich in die Seele des gestaltenden Schauspielers eingehen, in die Phantasie, in die Gedanken, in das Gefühl, in alle Elemente! Wenn die Überaufgabe doch den Darsteller immer an das innere Leben der Rolle und an das Ziel des Schaffens mahnen wollte! Während der ganzen Vorstellung soll der Schauspieler von ihr erfüllt sein. Sie soll ihm helfen, mit wacher Aufmerksamkeit im Lebensbereich der Rolle zu bleiben. Wenn es gelingt, vollzieht sich der Erlebnisprozeß normal. Wenn jedoch auf der Bühne das innere Ziel der Rolle und die Absicht ihres Darstellers auseinanderklaffen, entsteht ein verhängnisvoller Widerspruch.

Deshalb ist es die wesentlichste Aufgabe des Schauspielers, die Überaufgabe stets im Auge zu behalten. Sie vergessen, heißt die Lebenslinie des Stückes zerstören. Das ist eine Katastrophe für die Rolle, für den Schauspieler, für die ganze Aufführung. In diesem Fall läuft die Aufmerksamkeit des Schauspielers sofort in eine falsche Richtung, die Seele der Rolle wird leer, die Rolle lebt nicht mehr. Lernen sie, auch auf der Bühne normal und organisch zu schaffen, was sich im realen Leben leicht und von selbst vollzieht. Aus der Überaufgabe ist das Werk des Dichters geboren. Sie ist das Ziel des schauspielerischen Schaffens. ... Sobald die Antriebskräfte und Elemente das wahre Ziel des schöpferischen Bemühens erfaßt haben, treffen sie sich alle auf dem vom Autor vorgezeichneten Wege, der zum gemeinsamen Hauptziel führt - zur Überaufgabe.

Dieses aktive innere Streben aller Antriebskräfte des psychischen Lebens in der Einheit Schauspieler-Rolle, das durch das ganze Stücke hindurchgeht, nennen wir in unserer Sprache 'Durchgehende Handlung der Einheit Schauspieler-Rolle'.

In der durchgehenden Handlung setzen sich für den Schauspieler die Funktionslinien der Antriebskräfte für das psychische Leben, die vom Verstand, vom Willen und vom Gefühl des Schauspielers ausgehen, direkt fort.

Fehlte die durchgehende Handlung, würden alle Abschnitte und Aufgaben des Stückes, alle vorgeschlagenen Situationen, Wechselbeziehungen, Anpassungen, die Momente der Wahrhaftigkeit und des Glaubens und so weiter voneinander getrennt dahin vegetieren, ohne jede Hoffnung, einmal zum Leben zu erwachen.

Aber wie eine Schnur die Perlen der Kette, vereint die durchgehende Handlung alle Elemente und lenkt sie zur gemeinsamen Überaufgabe hin. ...

Stellen Sie sich die ideale Einheit von Schauspieler und Mensch vor, jenes Wesen, das sich ganz und gar dem großen lebendigen Ziel widmet, 'die Menschen mit seiner hohen Kunst zu erheben und zu erfreuen, ihnen die verborgenen Schönheiten in den Werken der Genies zu deuten'. Einigen wir uns darauf, in Zukunft dieses große Lebensziel des Schauspielers-Menschen die ganz große Überaufgabe und die ganz große durchgehende Handlung zu nennen. ... Sehr häufig stößt man im Bemühen um die endgültige Überaufgabe auf eine unwichtige, mimenhafte Nebenaufgabe. Und sie reißt nun die ganze Energie des Darstellers an sich. Muß noch besonders gesagt werden, daß so ein kleines Ziel als Ersatz für ein großes sehr gefährlich ist und die Arbeit des Schauspielers völlig verdirbt? ...

Wenn man dem alten, klassischen Kunstwerk gewaltsam Tagesaktualität oder irgendeinen anderen fremden Sinn aufpfropfen will, wächst wildes Fleisch auf dem herrlichen Körper und entstellt ihn oft bis zur Unkenntlichkeit. Die verstümmelte Überaufgabe lockt nicht mehr, reißt nicht mehr mit. Sie verärgert und verletzt den Schauspieler.

Gewalttätigkeit ist von Übel beim Schaffen. Darum wird eine mit Hilfe aktueller Tendenzen 'erneuerte' Überaufgabe das Stück und seine Rollen umbringen.

Aber es kommt freilich auch vor, daß sich die Tendenz mit der Überaufgabe verbindet. Wir wissen ja, daß man den Orangenbaum mit einer Zitrone kreuzen kann und dann eine neue Frucht erhält - Grapefruit!

Eine derartige Kreuzung kann auch auf dem Theater gelingen. Zuweilen gesellt sich einem klassischen Werk ganz organisch eine zeitgenössische Idee bei, die das ganze Stück verjüngt. Dann hört die Tendenz auf, selbständig zu existieren, und verwandelt sich organisch in die Überaufgabe. ...

Die Schlußfolgerung aus allem lautet: Sorgfältiger als alles andere Überaufgabe und durchgehende Handlung wahren, auf der Hut sein vor einer gewaltsam herbeigezerrten Tendenz und vor Absichten und Bestrebungen, die dem Stück fremd sind! ... Jede Handlung trifft auf die Gegenhandlung, wobei diese die Handlung herausfordert und verstärkt. Darum läuft durch jedes Schauspiel neben der durchgehenden Handlung in entgegengesetzter Richtung die gegensätzliche, feindliche durchgehende Gegenhandlung.

Es ist gut so und höchst begrüßenswert für uns, denn die Gegenhandlung löst ganz selbstverständlich neue Handlungen aus. Wir brauchen diesen ständigen Zusammenprall: Er erzeugt Kampf, Auseinandersetzung,

Streit, viele entsprechende Aufgaben mit ihren Lösungen. Er fordert Aktivität und Handlung heraus, die Grundlagen unserer Kunst.

Hätte ein Stück keine durchgehende Gegenhandlung und ergäbe sich alles ohne Widerstand, dann hätten die Schauspieler und ihre Rollengestalten nichts auf der Bünne zu tun. Das Stück würde handlungslos sein, also für das Theater sinnlos. Wahrhaftig, wenn Jago nicht listige Intrigen spinnen würde, brauchte Othello nicht eifersüchtig zu werden und Desdemona nicht zu töten. Doch weil der Maure die Geliebte mit seinem ganzen Wesen ersehnt, Jago aber hartnäckig seine durchgehende Gegenhandlung verfolgt, wird eine fünfaktige, höchst aktive Tragödie aus dieser Geschichte, die mit einer Katastrophe endet.

Muß noch hinzugefügt werden, daß die Linie der durchgehenden Gegenhandlung sich gleichfalls aus einzelnen Momenten und kleinen Lebenslinien der Einheit Schauspieler-Rolle zusammensetzt? (Erleben, S. 292 ff.)

11. Der Weg zum körperlichen Leben der Rolle – Logik und Folgerichtigkeit – Die Bewertung und Rechtfertigung der Handlung – Das Charakteristische

Wenn wir unser Suchen nach dem unmittelbarsten, natürlichsten und intensivsten Erarbeiten eines Stückes und einer Rolle fortsetzen, stoßen wir auf eine neue und diesmal überraschende Methode, die ich Ihrer Aufmerksamkeit empfehle.

Meine Methode beruht darauf, die inneren und äußeren Vorgänge miteinander zu verbinden und das Gefühl für die Rolle durch das physische Leben des menschlichen Körpers hervorzurufen. ... Suchen Sie bei all (den) kleinen und großen Aufgaben und Handlungen die kleinere oder große physische Wahrheit. Wenn Sie diese empfinden, werden Sie auch sofort, begrenzt oder umfassender an die Echtheit Ihrer physischen Handlungen glauben. Und dieses 'sich glauben' ist in unserer Kunst einer der besten Motoren, Erreger und Lockvögel für das Gefühl und sein intuitives Erleben. Wenn Sie sich geglaubt haben, werden Sie sofort fühlen, daß Ihre Aufgaben und Handlungen echt, lebendig, zweckentsprechend und produktiv geworden sind. Aus solchen Aufgaben und Handlungen bildet sich eine ununterbrochene Linie.

Aber die Hauptsache: glauben Sie restlos an einige Aufgaben und Handlungen, auch wenn sie noch so klein sind. ... Verbessern Sie sie so lange, bis Sie in diesem Stückchen Ihrer Rolle das körperliche Leben entstehen fühlen.

Dieses Leben ist die Hälfte der Rolle, wenn auch nicht die wichtigste und größte, aber doch die, die das Echo im Innern, den Beginn des Erlebens, erzeugt.

Wenn ich Ihnen die Textbücher nicht weggenommen hätte, so hätten Sie schon längst mit unnötigem Eifer den Text gepaukt, und würden dies alles sinnarm und formal ausführen, bevor Sie in das Wesen des Untertextes eingedrungen wären und seine innere Linie verfolgt hätten. Als Enderfolg wäre das eingetreten, was bei solch widernatürlichem Prozeß immer geschieht: die Worte der Rolle hätten ihren aktiven wirksamen Sinn verloren und wären zu einer mechanischen Grimasse, zu einem sinnlosen

Geplapper auswendig gelernter Laute geworden. Aber ich bin vorsichtig gewesen und habe Ihnen für die Zeit, in der wir die Handlungslinie der Rolle herausarbeiten, die fremden Worte, die nicht aus Ihnen herausströmen, aber für die Erfüllung der Aufgabe notwendig sind, weggenommen. Das hat Sie davor bewahrt, die mechanische Gewohnheit anzunehmen, den noch nicht selbst erlebten Text irgendwie formal auszusprechen. Ich habe Ihnen die wunderbaren Worte des Dichters für eine bessere Verwendung aufgehoben, nicht für ein Geschwätz, sondern für die Handlung und die Ausführung der Hauptaufgabe. ...

Vergessen Sie also bitte auf keinen Fall meine Anweisung; erlauben Sie sich nicht, vor meiner Genehmigung das Buch zu öffnen. Zunächst soll eine lange Gewöhnung die Linie der Rolle in Ihnen stärken und Sie im Untertext und in dem Bedürfnis nach produktiver, zweckmäßiger Handlung festigen; die eigenen Worte sollen für Sie nur das Werkzeug der Handlung und ein Hilfsmittel für die Verkörperung des Wesens der Rolle werden. Warten Sie, bis Sie die Worte des Textes für die allerbeste Ausführung der Aufgaben benötigen. ... Dann allerdings brauchen Sie unbedingt die Worte des Autors, und Sie werden sich genau so darüber freuen, wie ein Geiger, dem man eine Geige von Amati zur Verfügung stellt, auf der er das, was in ihm lebt und ihn anregt, am besten ausdrücken kann. ... Dann werden Sie sich mit Begeisterung an sie halten; sie fallen Ihnen frisch und unverbraucht zu. ...

Schonen Sie die Textworte aus zwei wichtigen Gründen: einmal, um sie nicht abzunutzen, zum anderen, um das primitive, mechanische, schauspielerhafte Schwatzen eingepaukter Worte, die ihre Seele verloren haben, nicht in die Hauptlinie des Untertextes eindringen zu lassen. Wenn ein solches Geplapper in die Linie der Rolle hineingeraten ist, vergiftet und tötet es alle lebendigen, menschlichen und schöpferischen Anregungen, aus denen sich der Untertext der Rolle zusammenflicht. ...

Wenn Sie ... auf die Bühne gehen, ... so denken Sie lediglich daran, wie man die Hauptaufgaben und die Haupthandlungen des Schemas am besten ausführen kann. Jede ist auf ihre physische und elementar-psychologische Natur hin ebenso geprüft, analysiert und studiert worden, wie auf ihre Logik und Folgerichtigkeit. Kümmern Sie sich also nur darum, daß die lebendige Handlung für die handelnden Hauptpersonen des Stückes produktiv ist und dem Hauptziel in höchstem Maße entspricht.

Mehr brauchen wir vorläufig nicht. Brechen Sie jedoch die begonnene Arbeit nicht ab und kommen Sie tagtäglich zusammen, um, wenn auch nicht die ganze Szene, so doch ihr Grundschema zu wiederholen. Dadurch sollen die Hauptaufgaben und Haupthandlungen sich immer mehr verstärken und wie die Meilensteine am Wege ihre festen Plätze einnehmen.

Über die vielen Einzelheiten und kleinen Teilaufgaben und die Mittel zu ihrer Ausführung machen Sie sich keine Gedanken; sie können jedesmal aus dem Stegreif gespielt werden.

Haben Sie keine Furcht davor; das Material zur Ausführung ist bei Ihnen bereits vorhanden und wächst beständig weiter, wird tiefer und vollkommener bearbeitet werden, so daß die Aufgaben und Handlungen des Schemas immer verlockender werden. Es sind ja nur solche Aufgaben und Handlungen wertvoll, die den Künstler anregen und ihn zum Schaffen reizen, und dies überträgt sich auch auf die Zuschauer. Von dem Augenblick an, wo wir beginnen, die wichtigsten Aufgaben immer mehr zu vertiefen und auszuarbeiten und uns die Haupthandlungen des Schemas verlockend zu machen, nähern wir uns einer neuen Periode in der schöpferischen Arbeit an der Rolle. ...

Ich komme auf das zurück, womit wir begonnen und um dessentwillen wir den letzten Versuch unternommen haben, das körperliche Leben Ihrer Rollenfigur zu schaffen; nämlich: welche neuen Wege und Verfahren sind für die höchstmöglich natürliche, unmittelbare, intuitive und innere Behandlung des Stückes und der Rolle zu suchen?

Bemühen Sie sich, aus dem, was wir uns soeben in der Praxis angeeignet haben, die theoretische Seite abzuleiten, zu erkennen. Das Grundprinzip ist verständlich und nicht neu: Wenn die Rolle sich nicht von selbst, aus dem Innern und aus der Seele heraus einlebt, so gehen Sie vom Äußeren, also vom Körper aus an sie heran.

Das Schema des körperlichen Lebens ist nur ein Anfang. Das Wichtigste haben wir noch vor uns, nämlich das Ausloten der großen Tiefen, wo schon das geistige Leben im Menschen der Rolle entsteht, das zu gestalten eine der wichtigsten Aufgaben unserer Kunst ist. Jetzt ist diese Aufgabe sehr viel besser vorbereitet und ihre Lösung sehr erleichtert. Wenn man ohne Vorbereitung und Stütze versucht, ein Gefühl zu empfinden, dann ist es schwer, es in seiner ganzen Zartheit einzufangen. Aber jetzt, wo Sie eine Stütze, und zumal eine so feste haben, wie die physisch empfundene des körperlichen Lebens, hängen Sie nicht mehr in der Luft, sondern gehen auf einem festen gewalzten Weg, von dem Sie nicht abweichen können. ...

Ich erinnere Sie ... daran, daß das körperliche Leben der Rollengestalt auch noch deshalb wichtig ist, weil es mit der Linie des Gefühls unzertrennlich verbunden ist. Wenn der Künstler sich physisch richtig eingelebt hat, muß das Gefühl in geringerem oder stärkerem Grade darauf reagieren. Wie das Wasser die Niederungen und Gruben ausfüllt, so strömt auch Gefühl in die physische Handlung, da es ja darin die lebendige organische Wahrheit findet, an die man glauben kann. ...

Die Folgerung ist: daß das körperliche Leben der Rolle wesentlich dazu beiträgt, ihr geistiges (seelisches) Leben herauszubilden. Wie Ihnen bekannt ist, spiegelt sich das Leben des Geistes im Leben des Körpers wider, umgekehrt: auch das Leben des Körpers kann sich im Leben des Geistes widerspiegeln. Würdigen Sie gebührend diese Voraussetzung, die für unsere Kunst außerordentlich wichtig ist! Die direkte Einwirkung auf den launenhaften inneren schöpferischen Apparat des Künstlers ist schwieriger, unfaßbarer und weniger fühlbar als die unmittelbare Einwirkung auf den physischen Apparat, der einem Befehl williger folgt. Es ist leichter, über den Körper zu gebieten als über das Gefühl. Wenn daher das geistige Leben der Rolle nicht von selbst entsteht, dann schaffen Sie ihr das körperliche Leben. ...

Sie wissen jetzt: wenn die Rolle sich nicht von selbst einlebt, bleibt dem Schauspieler nichts anderes übrig, als sie auf dem umgekehrten Wege in Angriff zu nehmen, das heißt, vom Äußeren zum Inneren fortzuschreiten. ...

Die Bedeutung des körperlichen Lebens der Rolle beruht außerdem noch darauf, daß es für das schöpferische Gefühl zu einer Art Akkumulator werden kann. Das innere Erleben ist der Elektrizität vergleichbar. Wenn man es in den Raum hinausschleudert, fliegt es auseinander und verschwindet; aber wenn man das körperliche Leben der Rolle damit sättigt, wie einen Akkumulator mit Elektrizität, dann verstärken sich die durch die Rolle hervorgerufenen Emotionen in der gut empfundenen physischen Handlung. Sie zieht und saugt die Gefühle, die mit jedem Moment des körperlichen Lebens verbunden sind, in sich hinein und fixiert dadurch die unbeständigen, sich leicht verflüchtigenden Erlebnisse und schöpferischen Emotionen des Künstlers. Dank dieser Behandlung werden die fertigen, kalten Formen des körperlichen Lebens der Rolle mit innerem Gehalt erfüllt. Bei dieser Verschmelzung kommen die beiden Seiten der Rolle, die physische und die psychische, einander näher.

Die äußere Handlung und das körperliche Leben erhalten dabei vom inneren Erleben her Sinn und Wärme, und das innere Erleben findet im körperlichen Leben seine äußere Verkörperung. Diese natürliche Verbindung beider Seiten der Rolle müssen wir für die Fixierung der unfaßbaren und sich verändernden schöpferischen Erlebnisse klug benutzen lernen. ... (Rolle, S. 49 ff.)

Logik und Folgerichtigkeit sind für die innere wie für die äußere Seite der Arbeit des Schauspielers von größter Bedeutung. Auf diese beiden Elemente stützt sich ein wesentlicher Teil unserer äußeren und inneren Technik. ...

Im realen Leben ist jede Handlung, die wir unbewußt oder mechanisch ausführen, logisch und folgerichtig, denn Logik und Folgerichtigkeit wirken dort aus Gewohnheit, sozusagen unbewußt an allen für unser Leben unerläßlichen Handlungen mit. Die Handlungen auf der Bühne dagegen sind für uns nicht lebensnotwendig, wir geben uns nur den Anschein, als ob sie es seien. Es ist schwer, etwas zu tun, wo keine ausgesprochene Notwendigkeit besteht. In solchen Fällen handelt man nur 'allgemein', in groben Umrissen. Aber Sie wissen selbst, daß das auf der Bühne zu theatralischer Konvention, also zur Lüge führt. Wie soll man aus diesem Dilemma herauskommen? Man muß aus einzelnen kleinen Handlungen, die man logisch und folgerichtig aneinanderreiht, eine große Handlung zusammensetzen. ... Sie brauchen sich nur ein einziges Mal über die logische Linie einer Bühnenhandlung klarzuwerden, sie nur mehrmals hintereinander auf der Bühne in der richtigen Reihenfolge auszuführen, um sie dadurch zum lebendigen Besitz Ihres Muskelgedächtnisses und Ihres Gedächtnisses überhaupt werden zu lassen. Dann werden Sie auch die Wahrhaftigkeit Ihrer Handlung verspüren, und diese Wahrhaftigkeit ruft den Glauben an die Echtheit Ihres Tuns hervor.

Sobald ein Schauspieler das erreicht, gewöhnt er sich daran, logisch und folgerichtig zu handeln. Sobald seine organische Natur diese richtige Handlung begreift und annimmt, dringt sie in das Leben der Rolle ein und wird auf der Bühne, genau wie im realen Leben, unbewußt ausgeführt. Arbeiten Sie mit allem Eifer daran, Logik und Folgerichtigkeit in Ihren physischen Handlungen zu erreichen. ...

Wenn Sie sich recht erinnern, mußte ich im Verlauf unseres Unterrichts bei der Behandlung jedes einzelnen Elementes die Logik und Folgerichtigkeit auf Schritt und Tritt zur Unterstützung heranziehen. Damit ist der Beweis erbracht, daß wir sie nicht nur für die Handlung und für das Gefühl brauchen, sondern ebenso für alle anderen Momente unserer Arbeit: für das Denken, Wollen, für die inneren Bilder und Vorstellungen, für die Aufgaben und die durchgehende Handlung, für die ununterbrochene Beziehung zum Partner und die Anpassung. ...

Sie müssen Ihre Aufmerksamkeit trainieren, die Tätigkeit Ihrer inneren und äußeren Gestaltungsmittel möglichst genau zu beobachten. Beginnen Sie dabei mit dem Leichtesten, nämlich mit der logischen und folgerichtigen äußeren Handlung mit vorgestellten Gegenständen. ...

Mit Hilfe dieser Übungen gewöhnen Sie sich daran, in die Logik und Folgerichtigkeit der einzelnen kleinen Teilhandlungen einzudringen, die dann in ihrer Gesamtheit eine einzige große Handlung bilden.

Dabei kommt es darauf an, daß Sie eine möglichst große Fertigkeit in diesen Übungen erwerben, daß Sie beständig die verschiedenartigsten Handlungen mit vorgestellten Gegenständen oder auch ganze Szenen so trainieren. Sobald Sie gelernt haben, sich darin zurechtzufinden, sobald Sie die Logik und Folgerichtigkeit darin erkannt und sich daran gewöhnt haben, werden Sie auch die Wahrhaftigkeit empfinden. Und wo Wahrhaftigkeit ist, da ist Glaube daran, und wo Glaube an die Wahrhaftigkeit ist, da ist auch die 'Schwelle des Unbewußten' nicht mehr fern. ...

Sie brauchen sich nur immer wieder zu fragen: 'Wie würde ich persönlich mich verhalten, wenn ich mich in der Situation der von mir darzustellenden Person befände?' ... Ich will, daß Sie ... die Frage nicht in Worten, sondern in physischen Handlungen beantworten. ... Wenn diese Handlungen aufrichtig, produktiv und zielbewußt sind, wenn sie von innen heraus durch ein echtes menschliches Erleben gerechtfertigt sind, dann verschmilzt unser äußeres und inneres Leben zu einer unzerstörbaren Einheit, die wir für unsere schöpferische Arbeit ausnutzen können. ...

Wenn Sie einen bestimmten Zustand, ein bestimmtes Gefühl gestalten wollen, so müssen Sie sich zunächst einmal fragen: 'Wie würde ich mich in der entsprechenden Situation verhalten?' Schreiben Sie sich die Antwort auf, übertragen Sie sie auf Ihre Handlungen und legen Sie das Resultat wie Pauspapier auf Ihre Rolle. Wenn es ein gutes, von echtem Leben durchpulstes Stück ist, werden Ihre Gefühle und Handlungen, wenn auch nicht immer, aber doch wenigstens teilweise mit denen der Rolle übereinstimmen.

Ich möchte Ihnen dringend empfehlen, sich solche Fragen und Antworten für jede neue Rolle aufzuschreiben. Das hat auch noch einen anderen Vorteil:

Wenn man eine Frage und Antwort schriftlich niederlegen will, muß man dafür den geeigneten, treffenden Ausdruck suchen. Einen solchen Ausdruck findet man nicht, ohne sich eingehend mit dem betreffenden Problem auseinanderzusetzen. Das ist sehr nützlich und fördert ein gründliches Eindringen in die Rolle. Trachten Sie immer danach, Ihre Gefühle nicht irgendwie und ohnehin, sondern gut und treffend auszudrücken, denn dadurch werden Sie angespornt, Ihre Empfindungen gründlicher zu analysieren. ...

Führen Sie in Gedanken jede einzelne dieser Handlungen richtig, begründet, wohlüberlegt, aufrichtig und wirklich bis ins letzte aus, und Sie werden sich zunächst äußerlich, dann aber auch innerlich in den entsprechenden Zustand und in das Verhalten eines verliebten Menschen hineinversetzen können. So vorbereitet, wird es Ihnen leichterfallen, eine Rolle und ein Stück zu erfassen, denen diese menschliche Leidenschaft zugrunde liegt. (Verkörpern, S. 161 ff.)

Die erste allgemeine Analyse aller dem Bewußtsein zugänglichen Schichten des Stückes und der Rolle ergibt ein reiches Material.

Das ist schon etwas, was man bei seiner weiteren schöpferischen Arbeit benutzen kann. Das Schlimme ist aber, daß das so gewonnene Material noch zu trocken und unfruchtbar ist, um das geistige Leben der Rolle wirklich lebensecht schaffen zu können. Vorläufig ist dieses Material nur eine Aufzählung von Tatsachen der Vergangenheit, Gegenwart und Zukunft, ein Protokoll der äußeren Umstände des Stückes und der Rolle. Bei solch einer rein verstandesmäßigen Erkenntnis des Stückes haben die Ereignisse und Tatsachen noch keine echte, lebendige, reale Bedeutung; sie bleiben Theaterereignisse und die Einstellung zu ihnen ist oberflächlich. Es fehlt der Glaube an ihre Wirklichkeit, es fehlt die ihnen gebührende Bewertung und der Widerhall in den Empfindungen. ...

Um ihr lebendiges, geistiges Wesen zu erkennen und das gewonnene Material für das Schaffen nutzbar zu machen, müssen wir die theatergebundenen Tatsachen und Umstände zu lebendigen, das heißt lebenspendenden, machen; wir müssen die theaterhafte Einstellung zu ihnen in eine menschliche verwandeln: wir müssen dem trockenen Protokoll der Tatsachen und Ereignisse Leben einhauchen, da nur das Leben das Lebendige schafft, nämlich das geistige Leben. Wir müssen die aus dem Stück gewonnenen Materialien beleben, um aus ihnen lebendige, glaubwürdige Umstände zu schaffen.

Damit kommt ein neues, schöpferisches Moment zu dem Prozeß der Rollenanalyse und der Rollenerkenntnis hinzu: der Prozß der Bewertung der Tatsachen. ...

Der Prozeß der Bewertung der Tatsachen ist in seiner weiteren Entwicklung von einem anderen, noch wichtigeren Prozeß der Analyse oder Erkenntnis nicht zu trennen, nämlich von dem der Rechtfertigung der Tatsachen. Dieser Prozeß ist darum notwendig, weil eine ungerechtfertigte Tatsache gleichsam in der Luft hängt. Sie hat im geistigen Leben des Stückes und der Rolle selbst keinen Boden. Solch eine nicht erlebte Tatsache, die nicht in der Linie des inneren Lebens der Rolle eingeschlossen ist, ist für die Rolle überflüssig und behindert nur ihre richtige innere Entwicklung. Solch eine ungerechtfertigte Tatsache ist ein Loch, ein Bruch in der Linie der Rolle. Das ist wildes Fleisch am lebendigen Organismus, ist ein tiefes Loch auf einem glatten Weg, das der freien Bewegung hinderlich ist. Man muß die Grube entweder zuschütten oder eine Brücke darüber schlagen. Dazu ist der Prozeß der Rechtfertigung der Tatsachen notwendig. Wenn die Tatsache erst gerechtfertigt ist, so schaltet sie sich eben dadurch in die innere Linie und in den Untertext der Rolle ein und stört nicht, sondern hilft im Gegenteil dem inneren Leben der Rolle, sich frei zu entwickeln. Die gerechtfertigten Tatsachen tragen zur Logik und Folgerichtigkeit des Erlebens bei, und Sie wissen, welche Bedeutung diese Faktoren in unserer Kunst haben.

Wie ich schon sagte, ist der Prozeß der Bewertung der Tatsachen mit dem Prozeß ihrer Rechtfertigung verknüpft. Die Verwandtschaft dieser Fragen zwingt dazu, gleichzeitig über sie zu sprechen.

Die Bewertung der Tatsachen ist eine große und komplizierte Arbeit; sie wird nicht nur vom Verstand, sondern hauptsächlich mit Hilfe des Gefühls und des schöpferischen Willens ausgeführt. Diese Arbeit bewegt sich in der Sphäre unserer Vorstellungskraft. Die Arbeit der gefühlsmäßigen Bewertung von Tatsachen besteht in folgendem: Um die Tatsachen mit dem eigenen Empfinden, auf Grund der persönlichen und lebendigen Einstellung zu ihnen zu bewerten, muß der Schauspieler innerlich folgende Frage lösen: Welche Umstände im inneren Leben meines Geistes, welche meiner persönlichen lebendigen menschlichen Absichten, Wünsche, Bestrebungen, Eigenschaften, angeborenen Qualitäten und Mängel könnten mich, den Menschen und Künstler, dazu veranlassen, mich zu den Menschen und Begebenheiten des Stückes so zu verhalten, wie sich die von mir darzustellende handelnde Person zu ihnen verhält? ...

Auf der Bühne kann man nur solche seelisch gehaltvollen Tatsachen gebrauchen, die das Ergebnis von Erlebnissen sind oder selbst Erlebnisse nach sich ziehen. Die Tatsache an und für sich, die Tatsache als eine einfache spaßhafte Episode, ist auf der Bühne nutzlos und schädlich, weil sie von dem geistigen Leben der Rolle ablenkt. - Mit der Bewertung der Tatsachen durch das Gefühl war ganz von selbst die nächstliegende Arbeit zum größten Teil, wenn auch nicht restlos, getan, um die inneren Umstände des geistigen Lebens des Stückes zu beleben.

Das Geheimnis der Methode zur Bewertung von Tatsachen und Ereignissen besteht darin, daß diese Bewertung die Menschen zu Zusammenstößen zwingt, daß sie sie zwingt zu handeln, zu kämpfen, zu siegen oder sich zu unterwerfen, daß sie ihre Wünsche, Ziele und gegenseitigen Beziehungen aufdeckt, das heißt die Umstände des inneren Lebens im Stück, die wir suchen, zutage bringt. Was heißt in Wirklichkeit, die Tatsachen und Ereignisse eines Stückes bewerten? Es heißt, in ihnen den verborgenen, inneren Sinn, ihr geistiges Wesen, den Grad ihrer Bedeutung und ihrer Einwirkung suchen. Es heißt, die äußeren Tatsachen und Ereignisse gründlich untersuchen und verborgene Vorgänge finden, die eben die eigentlichen äußeren Tatsachen oft erst hervorrufen. Es heißt, die Entwicklung eines seelischen Vorgangs verfolgen und den Grad und Charakter seiner Einwirkung fühlen, der Linie des Wollens einer jeden handelnden Person und der Begegnung dieser Linien, ihrer Kreuzung, Verschlingung und Trennung nachgehen. Kurzum, jenes innere Schema erkennen, das die gegenseitigen Beziehungen der Menschen bestimmt. Die Tatsachen bewerten heißt, den Schlüssel finden für die Enträtselung vieler Geheimnisse des geistigen Lebens der Rolle, die unter den Tatsachen des Stückes verborgen sind. ...

Es wäre ein Fehler, die Bewertung der Tatsachen und Ereignisse eines Stückes endgültig festzulegen. Man muß in der weiteren Arbeit bei jeder Wiederholung immer wieder die Tatsachen von neuem bewerten. Solch eine Neubewertung der Tatsachen führt zu ihrer immer größeren geistigen Erfülltheit.

Der Mensch ist keine Maschine; er kann nicht bei jeder Wiederholung in gleicher Weise fühlen und von ein und demselben Erreger zum Schaffen begeistert werden. Jedesmal fühlt der Schauspieler die Rolle auf eine neue Art und bewertet die immer gleichen und sich doch ändernden Tatsachen des Stückes auf neue Art und Weise. Ein geringfügiger, kaum faßbarer Unterschied in der Behandlung der Tatsachen regt wichtige Erneuerungen im Leben der Rolle an. Die Kraft eines solchen Erregers liegt in seiner Neuheit und Frische.

Man kann nicht all das berechnen, was auf den körperlichen und seelischen Zustand des Schauspielers einwirkt und eine neue Bewertung der Tatsachen hervorruft. All die unzähligen Zufälligkeiten, die unter dem Einfluß des Wetters, der Temperatur, des Lichtes, der Ernährung, der Auswahl innerer und äußerer Umstände entstehen, wirken mehr oder weniger auf seinen seelischen Zustand ein. Der allgemeine Zustand des Schauspielers wirkt seinerseits auf seine Einstellung zu den Tatsachen und auf ihre Neubewertung ein. Die Fähigkeit, die beständig wechselnden Zufälligkeiten zu benutzen, die Fähigkeit, die Erreger des Schaffens mit Hilfe der Bewertung der Tatsachen zu beleben, ist ein sehr wichtiger Teil der inneren Technik des Schauspielers. Ohne diese Fähigkeit kann es geschehen, daß er nach einigen Aufführungen seine Einstellung zu den Tatsachen als zu lebenswichtigen Ereignissen und das Gefühl für ihren inneren Sinn und ihre innere Bedeutung verliert. Wenn dann die Zuschauer die Tatsachen richtiger als der Schauspieler bewerten, kann sich ein bedauerlicher Widerspruch zwischen ihm und den Zuschauern ergeben. Schlimm ist es, wenn der Zuschauer durch die Tatsachen des Stückes stärker erregt wird als der Schauspieler, und dieser die Tatsachen unterschätzt oder überschätzt und dadurch die Wahrheit und die Echtheit der Tatsachen zunichte macht. (Rolle, S. 25 ff.)

Ohne Mithilfe der äußeren Form vermag der Zuschauer weder die charakteristischen inneren Züge der Gestalt noch ihre seelische Struktur zu erfassen. Das charakteristische Äußere erläutert und illustriert die unsichtbare seelische Anlage der Rolle und bringt sie dadurch dem Zuschauer nahe. ...

Es ist gleichgültig, ob man diese charakteristischen äußeren Züge durch Intuition oder Beobachtungen an sich selbst oder an anderen, aus der Erfahrung des täglichen Lebens, anhand von Bildern, Kupferstichen, Zeichnungen, Büchern, Erzählungen und Romanen oder durch einen einfachen Zufall erwirbt. Bei allem Suchen nach der äußeren Gestalt kommt es lediglich darauf an, daß Sie sich nicht innerlich selbst verlieren. ...

Es gibt Schauspieler, ... die vom Charakteristischen und der Verwandlung nichts wissen wollen, weil sie jede Rolle auf sich selbst zuschneiden und sich ausschließlich auf ihren persönlichen Zauber verlassen. Sie bauen ihren Erfolg einzig und allein auf ihrem Charme auf, denn ohne ihn wären sie machtlos. ...

Diese Schauspieler fürchten alles, was ihre von der Natur geschaffene Individualität vor den Zuschauern verbergen könnte. Wenn es ihre Schönheit ist, die auf die Zuschauer wirkt, so stellen sie diese zur Schau. Wenn sich ihr Charme in den Augen, im Gesicht, in der Stimme, in ihrem ganzen Benehmen ausdrückt, so präsentieren sie diese dem Publikum. ... Was sollen Sie auch mit der Verwandlung, wenn Sie im Vergleich zum wirklichen Leben dadurch nur verlieren können. Sie lieben mehr sich selbst in der Rolle als die Rolle in sich. Das ist falsch. Sie sind begabt, Sie sind durchaus imstande, nicht nur sich selbst zu zeigen, sondern auch eine Rolle zu gestalten.

Es gibt auch noch einen anderen Typ. ... Die Schauspieler dieser Art sind interessant durch ihre originellen Spielmethoden, durch ihre individuellen, glänzend ausgefeilten, nur ihnen persönlich eigenen schauspielerischen Schablonen. Nur um ihretwillen kommen sie auf die Bühne, nur sie allein wollen sie dem Publikum zeigen. Was sollen sie mit Wandlungsfähigkeit und charakteristischen Zügen, wenn sie ihnen keine Gelegenheit bieten zu zeigen, worin gerade ihre Stärke besteht.

Wieder andere Schauspieler sind ebenfalls ganz groß, was Technik oder Schablone betrifft, nur ist es nicht ihre eigene, die sie sich persönlich erarbeitet haben, sondern eine fremde, die sie von anderen übernommen haben. Auch bei ihnen sind die charakteristischen Züge und die Verwandlung einem von allerhöchster Seite festgelegten Ritual unterworfen. Sie wissen nämlich ganz genau, wie jede einzelne Rolle des Repertoires der ganzen Welt 'gespielt werden muß'. Die Schauspieler dieser Art haben für jede Rolle eine ein für allemal gültige Norm; sonst wären sie niemals imstande, fast dreihundertfünfundsechzig Rollen im Jahr - und jede mit nur einer einzigen Probe - zu spielen, wie es an manchen Provinzbühnen Brauch ist. ...

Ich sprach von den Schauspielern, die das Charakteristische und die Verwandlung nicht lieben und ihnen nach Möglichkeit aus dem Wege gehen. Heute will ich Ihnen dagegen einen anderen Typ von Schauspieler vorstellen, die sie aus verschiedenen Gründen lieben und sich um sie bemühen.

In den meisten Fällen tun sie das, weil sie über keine außergewöhnlichen Gaben an Schönheit oder Charme verfügen. Die Persönlichkeit solcher Schauspieler ist im Gegenteil gar nicht sehr bühnenwirksam, und das ist der Grund dafür, daß sie sich hinter dem Charakteristischen zu verbergen suchen und darin den Charme und Zauber zu finden hoffen, der ihnen persönlich abgeht.

Um das zu erreichen, braucht man nicht allein ausgefeiltes technisches Können, sondern auch ausgeprägten künstlerischen Geschmack. Diese wertvolle Gabe ist leider sehr selten, und ohne sie kommt man beim Suchen nach dem Charakteristischen leicht auf einen falschen Weg, man verfällt in Unnatur und Konvention. ... Haben Sie schon bemerkt, daß diejenigen Schauspieler und vor allem Schauspielerinnen, die sich nicht gern wandeln und stets sich selbst spielen wollen, auf der Bühne mit Vorliebe schön, edelmütig, gutherzig und sentimental sind. Und haben Sie auch schon die umgekehrte Feststellung machen können, daß Charakterdarsteller besonders gern Schurken, Mißgeburten und Karikaturen spielen, denn diese sind schärfer in den Konturen, farbiger in der Zeichnung, verwegener und klarer in der ganzen Anlage der Gestalt, was bühnenwirksamer ist und stärker im Gedächtnis der Zuschauer haftenbleibt.

Das Charakteristische bei der Verwandlung ist eine großartige Sache.

Da nun einmal jeder Schauspieler auf der Bühne seine Rolle gestalten und nicht lediglich sich selbst dem Publikum zeigen soll, so sind Wandlungsfähigkeit und Charaktergestaltung für uns ganz unerläßlich.

Ausnahmslos alle Schauspieler - die ja Schöpfer von Gestalten sein sollen - müssen sich verwandeln und charakteristische Züge entwickeln können. Es gibt keine nicht charakteristischen Rollen. (Verkörpern, S. 171 ff.)

12. Schematische Darstellung des "Systems"

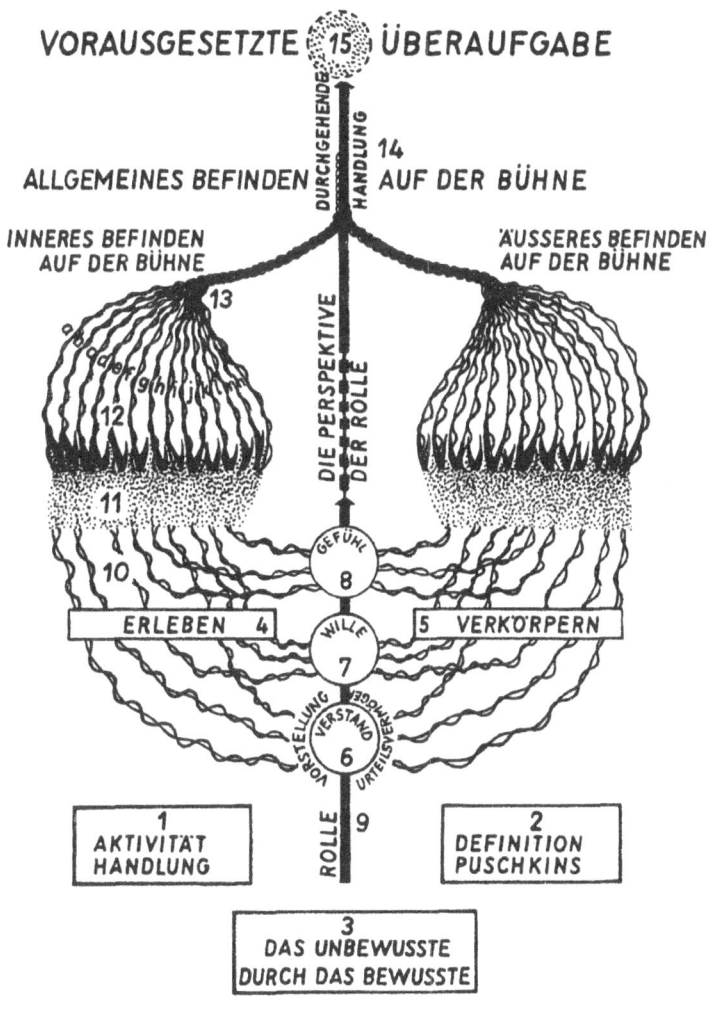

(Verkörpern, S. 316)

Ganz unten ... liegen die drei Ideen, die drei entscheidenden unverbrüchlichen Grundpfeiler unserer Kunst, von denen Sie in jedem Falle ausgehen müssen.

Nr. 1

Der erste von ihnen besagt: Die Kunst des dramatischen Schauspielers ist die Kunst der inneren und äußeren Handlung.

Nr. 2

Der zweite Grundpfeiler ist die Definition Alexander Sergej ewitsch Puschkins: 'Die Echtheit der Leidenschaften, die Wahrscheinlichkeit der Gefühle unter den vorgeschlagenen Situationen'. ...

Nr. 3

Der dritte Grundpfeiler: Die unbewußte schöpferische Arbeit der Natur wird durch die bewußte Psychotechnik des Schauspielers angeregt. Auf diesen drei wichtigsten Fundamenten unserer Kunst sind zwei große Plattformen aufgebaut:

Nr. 4

Der Prozeß des Erlebens. ...

Nr. 5

Der Prozeß des Verkörperns. Auf diesen beiden Plattformen thronen ...

Nr. 6, 7 und 8,

die drei Antriebskräfte des psychischen Lebens: Verstand, Wille und Gefühl. ...

Nr. 9

Jedes neue Stück und jede neue Rolle dringen in die Antriebskräfte des psychischen Lebens ein. Sie werfen ihre Samen aus und rufen den Drang zum schöpferischen Gestalten wach.

Nr. 10

Die Funktionslinien der Antriebskräfte für das psychische Leben, die den in sie gelegten Samen von Stück und Rolle mit sich führen. Zuerst ist diese Bewegung noch abgerissen, sprunghaft, ungeordnet und chaotisch, sie wird aber immer geradliniger und stetiger, je mehr sich das grundlegende Ziel der schöpferischen Arbeit abzeichnet.

Nr. 11

Der innere Bereich unserer Seele, unser schöpferisches Instrument mit all seinen Eigenschaften, Fähigkeiten, Begabungen, natürlichen Talenten, schauspielerischen Fertigkeiten und psychotechnischen Methoden, die wir früher 'Elemente' nannten. Sie alle bilden die notwendige Voraussetzung für den Prozeß des Erlebens. Beachten Sie bitte, daß in der Zeichnung jedes Element seine besondere Farbe erhalten hat, und zwar:

a)   Phantasie und ihre Vorstellungen, das 'Wenn', die vorgeschlagenen Situationen in der Rolle ...

b)   die Abschnitte und Aufgaben ...

c)   die Aufmerksamkeit und die Objekte ..

d)   die Handlung...

e)   das Gefühl für Wahrhaftigkeit und der Glaube daran ...

f)   der innere Tempo-Rhythmus ...

g)   die emotionalen Erinnerungen ...

h)   die Partnerbeziehungen ...

i)   die Anpassungen ...

j)   die Logik und Folgerichtigkeit ...

k)   das innere Charakterbild ...

l)   der Charme auf der Bühne ...

m)   die Ethik und Disziplin ...

n)   die Selbstbeherrschung und Vollendung ...

Alle diese Elemente leben in dem Bereich der Seele, in den die Antriebskräfte des psychischen Lebens des Schauspielers (Verstand, Wille und Gefühl) mit den in sie gelegten Samenkörnern der Rolle eindringen. ...

Nr. 12

Das sind dieselben, aber bereits gewandelten Funktionslinien der Antriebskräfte für das psychische Leben der Einheit Schauspieler-Rolle. Sie brauchen diese Linien nur einmal vor (Nr. 10) und nach dem Durchlaufen des seelischen Bereichs (Nr. 11) zu vergleichen, um den Unterschied zu bemerken. Jetzt, nachdem diese Funktionslinien von Verstand, Wille und Gefühl allmählich nicht nur die 'Elemente' des Stücks, sondern auch die Schattierungen und Farben der 'Elemente' des Schauspielers in sich aufgenommen haben, sind sie nicht mehr wiederzuerkennen.

Nr. 13

Das ist der Knotenpunkt, in dem alle Funktionslinien der Antriebskräfte für das psychische Leben zusammenlaufen, nämlich jener seelische Zustand, den wir das 'innere Befinden auf der Bühne' nennen.

Nr. 14

Die wie ein Stück ineinander verflochtenen Funktionslinien der Antriebskräfte für das psychische Leben, die auf die Übergabe hinstreben. Jetzt, nachdem sie sich gewandelt und der Rolle angenähert haben, bezeichnen wir sie als die 'Linien der durchgehenden Handlung'.

Nr. 15

Die vorläufig noch schemenhafte, nicht bis ins letzte festgelegte 'Überaufgabe'.

(Die punktierten Linien auf der rechten Seite der Zeichnung stellen den Prozeß des äußeren Verkörperns dar:

a)   Muskelentspannung
b)   Stimme und Sprechen
c)   Körper und Bewegung
d)   Tempo-Rhythmus
e)   das Charakteristische.)

(Verkörpern, S. 317 ff.)

13. Plan für den Arbeitsprozeß an der Rolle

Im letzten Lebensjahr legte Stanislawski den Lehrplan für das dritte Studienjahr seines Opern- und Schauspielstudios fest. Als Zentralaufgabe bezeichnete er in seinem Schreibheft 'das Herangehen an die Rolle'. So entstand jenes Dokument, das als einziges den Gesamtprozeß der schauspielerischen Arbeit an der Rolle umreißt.

1. Erzählung der Stückfabel (allgemein, nicht zu ausführlich).

2. Mittels physischer Handlungen die äußeren Ereignisse der Fabel spielen. Beispielsweise: ein Zimmer betreten. Ohne zu wissen, woher, wohin und wozu, betritt man kein Zimmer. Deshalb erkundet der Student die (seine Handlungen) rechtfertigenden äußeren, groben Tatsachen der Fabel. Rechtfertigung der groben physischen Handlungen durch vorgeschlagene Situationen (ganz äußerliche, grobe). Die Handlungen werden dem Stück entnommen, fehlende im Sinne des Werkes hinzuerfunden: Was täte ich, 'wenn' ich mich sofort, heute und hier in Situationen befände, die der Rolle entsprächen.

3. Etüden über das Vergangene und Bevorstehende (das Gegenwärtige geschieht ja auf der Bühne); woher komme ich, wohin gehe ich und was geschah zwischen den Auftritten.

4. (Ausführlichere) Erzählung der physischen Handlungen und der Fabel. Verfeinerte, detailgenauere und vertieftere vorgeschlagene Situationen und 'Wenns'.

5. Vorläufig wird als Entwurf eine ungefähre, grobe Überaufgabe bestimmt.

6. Auf Grund des gewonnenen Materials eine ungefähre, grobe, skizzenhafte durchgehende Handlung bauen. Sie ständig fragen: Was täte ich, 'wenn'. ...

7. Zu diesem Zweck das Stück in sehr große physische Abschnitte einteilen. (Stücke ohne solche großen Abschnitte physischer Handlungen gibt es nicht.)

8. Diese groben physischen Handlungen nun ausführen (spielen) und immer dabei fragen: Was täte ich, 'wenn'.

9. Läßt sich ein großer Abschnitt nicht erfassen, ihn vorläufig in mittelgroße, notfalls in kleine und kleinste Stücke teilen, Studium des Wesens der physischen Handlungen. Logik und Folgerichtigkeit der großen Abschnitte und ihrer Bestandteile streng beachten und sie zu vollständigen, großen Handlungen mit vorgestellten Gegenständen zusammenfügen.

10. Eine logische und folgerichtige Linie der organischen physischen Handlungen schaffen. Diese Linie notieren und durch Praxis festigen (sehr oft darauf entlanggehen, sie durch Spiel dauerhaft fixieren, von allem Unnötigen befreien - 95% muß weg! Bis zur Wahrheit und Überzeugung hinleiten). Logik und Folgerichtigkeit der physischen Handlungen lassen Wahrheit und Überzeugung entstehen. Die wiederum durch Logik und Folgerichtigkeit bestärken, aber nicht durch Wahrheit um der Wahrheit willen.

11. Der Zustand, 'hier, heute und sofort' umschließt Logik, Folgerichtigkeit, Wahrheit und Überzeugung, die noch mehr begründet und gefestigt werden müssen.

12. Alles zusammenfügen ergibt den Zustand 'ich bin's'.

13. Wo das 'ich bin's' erreicht ist, herrscht organische Natur und ihr Unterbewußtsein.

14. Bis zu diesem Zeitpunkt benutzten die Studierenden beim Spielen eigene Worte. Erstes Lesen des Textes. Die Studenten oder die Schauspieler greifen einzelne Wörter und Sätze des Autorentextes auf, die sie jetzt brauchen oder von denen sie beeindruckt sind. Sie können sie ruhig aufschreiben und zwischen ihre zufälligen, unwillkürlichen Worte in den Rollentext einfügen. Nach einiger Zeit wird der Text ein zweites, drittes und weiteres Mal gelesen mit neuen Notierungen und neuen Einfügungen des Notierten in den eigenen zufälligen, unwillkürlichen Rollentext. So wird die Rolle nach und nach, anfangs durch vereinzelte Oasen, dann aber auch durch vollständige lange Abschnitte mit Autorentext angefüllt. Es bleiben Lichtungen zurück, aber auch sie füllen sich bald mit Stücktext nach Stil-, Sprach- und Syntaxempfinden.

15. Der Text wird gelernt, festgelegt, aber nicht laut gesprochen, um ihn nicht mechanisch runterzuplappern, um keine Mätzchen mit Wörtern zu ermöglichen. Das Arrangement ist ebenfalls noch nicht festgelegt, um eine Verbindung zwischen eingelerntem Arrangement und mechanischen Wortplappereien zu verhindern. Die Linie der logischen und folgerichtigen Handlungen, der Wahrheit, der Überzeugtheit, des 'Ich bin's' sowie der organischen Natur und des Unterbewußten lange spielen und stark festigen. Beim Rechtfertigen all dieser Handlungen entstehen neue, verfeinerte vorgeschlagene Situationen von selbst und eine vertiefte, breitere und verallgemeinernde durchgehende Handlung. Bei dieser Arbeit weiterhin den Inhalt des Stückes immer ausführlicher erzählen. Unmerklich die Kette der physischen Handlungen durch psychologisch noch feinere vorgeschlagene Situationen, durchgehende Handlung und die Überaufgabe rechtfertigen.

16. Entsprechend den erarbeiteten Abfolgen das Stück weiterhin spielen. Die Worte gedanklich hervorbringen und beim Spielen durch Tatatieren ersetzen. (Beim Tatatieren wurde der Rollentext durch bedeutungslose Silben (etwa tatata) ersetzt, aber gleichzeitig jedes Wort in Gedanken genau ausgedrückt.)

17. Die richtige innere Abfolge ergibt sich beim Rechtfertigen der physischen und der anderen Linien. Sie muß noch fester werden, damit die Worte des Textes ihr untergeordnet bleiben und sich nicht mechanisch geplappert verselbständigen. Das Stück weiterhin tatatierend spielen und gleichzeitig den Ablauf des Untertextes innerlich festigen. In eigenen Worten 1. über die Kette der Gedanken, 2. über die Abfolge der bildhaften Vorstellungen berichten, 3. beide Linien den Partnern im Stück erläutern, um eine gegenseitige Beziehung und eine Linie innerer Handlung zu schaffen. Das sind die Grundlinien des Rollenuntertextes, die auf lange Dauer hin angelegt und ständig untermauert werden müssen.

18. Ist die Linie durch Arbeit am Tisch fester geworden, wird das Stück in den Worten des Autors gelesen, die Schauspieler setzen sich auf die Hände und vermitteln alle erarbeiteten Abfolgen, Handlungen, Details sowie die Gesamtpartitur möglichst genau an ihre Partner.

19. Dasselbe - noch am Tisch, Hände und Körper schon frei, mit einigen Gängen und zufälligen Arrangements.

20. Dasselbe auf der Bühne mit zufälligen Arrangements.

21. Einen Dekorationsgrundriß (in vier Wänden) erarbeiten und aufbauen. Jeden fragen, wo (in welcher Szenerie) er sich befinden und spielen möchte. Jeder könnte einen Grundriß entwerfen. Aus all den Plänen, die die Schauspieler dann vorlegen, entsteht der Dekorationsgrundriß.

22. Das Arrangement ausarbeiten und voll entwerfen. Entsprechend dem festgelegten Grundriß die Bühne einrichten und die Schauspieler einsetzen. Fragen, wo sie sich hinstellen würden bei einer Liebeserklärung oder wenn sie den Partner überreden oder sich mit ihm aussprechen wollen usw., wo sie sich am besten bewegen könnten, um ihre Verlegenheit nicht zu zeigen. Sie könnten auch die Gänge und alle physischen Handlungen ausführen, die das Stück erfordert: ein Buch in der Bibliothek suchen, das Fenster öffnen, den Kamin heizen.

23. Die Abfolge der Grundrisse und Arrangements überprüfen, indem man beliebig die eine oder andere Wand öffnet.

24. Am Tisch eine Reihe von Gesprächen über die literarische, politische, bühnenbildnerische und andere Entwicklungslinien führen.

25. Das Charakteristische. Alles, was bisher unternommen wurde, schuf etwas innerlich Charakteristisches. Das Äußerlich-Charakteristische muß dabei von selbst erscheinen. Was aber geschieht, wenn das Charakteristische (äußerlich) nicht in Erscheinung tritt? Sollen die Schauspieler ruhig alles machen, was sie bisher getan haben, nur hinken, kurzangebunden oder weitschweifig reden, gewisse Haltungen mit Füßen, Händen und Körper einnehmen, auch bestimmte, äußerlich übernommene Gewohnheiten und Manieren zeigen. Entsteht das Äußerlich-Charakteristische nicht von selber, dann pfropft es auf wie ein Zitronenreis auf den Stamm einer Grapefruit.

(Hoffmeier 1981, S. 223 ff.)

14. Das 'System' und die 'Method' von Lee Strasberg

Strasberg wurde 1901 im galizischen Budzanow, im heutigen Polen geboren, kam 1909 in die Vereinigten Staaten und wuchs in dem Einwanderer-
viertel der Lower East Side von New York auf. In dieser kulturell sehr
anregenden Umgebung geriet er zum erstenmal in Berührung mit dem
Theater. Im Jahre 1923 begann er seine Ausbildung als Schauspieler an
dem von Richard Boleslawski geleiteten American Laboratory Theatre.
1931 gründete er zusammen mit Harold Clurman und Cheryl Crawford
das Group Theatre. Ziel war die Bildung einer Theatergruppe, die sowohl
gemeinsam Stücke produzierte als auch auf der Grundlage der Arbeiten
Stanislawskis einen systematischen Ansatz für die Schauspielerausbildung
entwickelte. Lee Strasberg führte bei den ersten Stücken des Group Theatre nicht nur Regie, er war auch für die Schauspielerausbildung verantwortlich. Hier begann er, sein System, die 'Method', zu entwickeln. 1936
verlies Strasberg das Group Theatre und arbeitete unabhängig davon als
Regisseur. Als er 1951 Künstlerischer Leiter des Actors Studio wurde,
war seinen Bemühungen ein bestimmter Einfluß auf die Schauspielkunst
in Amerika gesichert. Neben seiner Arbeit für das Actors Studio führte er
auch weiterhin am Broadway und anderswo Regie und leitete private
Kurse. Außerdem gründete er die Lee Strasberg Theatre Institutes in New
York und Los Angeles, die seine Arbeit heute fortsetzen. Im Jahre 1974
nahm Strasberg in 'Der Pate', Teil II seine schauspielerische Karriere wieder auf- diesmal im Film. Lee Strasberg starb am 17. Februar 1982 in
New York. ...

Gegen Ende seines Lebens hat Lee Strasberg das Buch 'Ein Traum der
Leidenschaft' geschrieben - eine Summe seiner Erfahrungen in der literarischen Form einer Autobiographie, die von der Begeisterung für die
schöpferische Theaterarbeit durchdrungen ist, und in der er seine
berühmte 'Method' erklärt. Lee Strasberg war als Schauspiellehrer einer
der großen Inspiratoren der amerikanischen Film- und Theaterwelt. Aus
seiner Schule gingen so berühmte Stars wie Marlon Brando, Marilyn
Monroe, James Dean, Jane Fonda, Robert de Niro und viele andere hervor.
(Strasberg 1988, S. 25)

Man hat mich oft gefragt, in welcher Beziehung das 'Stanislawski-System' zur sogenanten 'Method' stehe. Ich habe dazu immer ganz einfach gesagt, daß die Methode auf den Grundsätzen und Verfahrensweisen des Stanislawski-Systems beruhe. Ich habe diese Grundsätze zuerst in den frühen dreißiger Jahren angewendet, als ich am Group Theatre mit jungen Schauspielern arbeitete und sie trainierte, später dann auch in meinen eigenen Kursen und am Actors Studio. Aber das, was wir taten, habe ich immer als 'Arbeitsmethode' bezeichnet, weil mir das, was in dem Wort 'System' mitklingt, nicht gefiel. Außerdem wollte ich angesichts der vielen Debatten und Mißverständnisse in der Frage, was den Kern des 'Systems' ausmache und was nicht, und angesichts der Verwirrung um frühere und spätere Phasen im Schaffen Stanislawskis, Stanislawski nicht für irgendwelche eigenen Fehler verantwortlich machen.

Die Arbeit, für die ich einstehe, kann man heute mit Recht als 'die Methode' bezeichnen. Sie beruht nicht allein auf den Verfahrensweisen Stanislawskis, sondern auch auf den Klärungen und Anregungen, die Wachtangow beigesteuert hat. Hinzugefügt habe ich einige Deutungen und von mir entwickelte Verfahrensweisen. Durch unsere weiterführenden Überlegungen, durch Analyse, Anwendung und Ergänzung haben wir einen nicht unerheblichen Beitrag zur Vervollständigung von Stanislawskis Werk geleistet. Meine eigenen Entdeckungen am Group Theatre, am Actors Studio und in meinen privaten Kursen gelangen zu Lösungen für das Problem des schauspielerischen Ausdrucks.

Die Methode zieht daher gleichsam die Summe der Arbeit, die während der letzten achtzig Jahre im Hinblick auf das Problem des Schauspielers geleistet worden ist. Ich trage dafür ein gewisses Maß an Verantwortung und kann darüber heute mit einer gewissen Autorität sprechen. Mein Anteil bestand in der Förderung, Ausbildung und Leitung des Ensembles am Group Theatre. Hier wendeten wir die Verfahren der Methode auf ein vollständiges Ensemble an. Seit 1948 habe ich als künstlerischer Leiter des Actors Studio und in meinen privaten Kursen versucht, diese Ergebnisse auch auf den einzelnen Schauspieler anzuwenden. In den folgenden Kapiteln möchte ich die weiteren Entdeckungen und Verfahrensweisen schildern, die ich im Lauf der Jahre beigesteuert habe.

Eine meiner wichtigsten Entdeckungen als Regisseur am Group Theatre war eine Neuformulierung von Stanislawskis 'schöpferischem Wenn'. ... Stanislawskis Formulierung des 'schöpferischen Wenn' beruhte auf der Frage: Wie würdest du selbst dich unter den vom Stück entworfenen

Umständen verhalten, was würdest du tun, wie würdest du empfinden, wie würdest du reagieren? Für Stücke, die den Erfahrungen des Schauspielers zeitlich und psychologisch nahestehen, ist diese Formel durchaus geeignet, aber sie versagt, wenn der Schauspieler das leidenschaftliche, heroische Verhalten entwickeln soll, das für die großen klassischen Dramen charakteristisch ist. Wachtangow, der nach einer das theatralische Element betonenden Form suchte, hatte Stanislawskis Formel folgendermaßen modifiziert: Die szenischen Verhältnisse deuten an, daß sich die verkörperte Gestalt in einer bestimmten Weise verhalten muß; was würde dich, den Schauspieler, dazu motivieren, dich in dieser Weise zu verhalten.

Bei den früheren Inszenierungen des Group Theatre stellte auch ich fest, daß sich Stanislawskis Formel des 'schöpferischen Wenn' bei einer Vielzahl von Problemen, die sich im Zusammenhang mit unseren Stücken und unseren Schauspielern ergaben, als unzureichend erwies. In der praktischen Arbeit stützte ich mich deshalb auf Wachtangows Neuformulierung. Sie schien mir korrekt, sowohl weil sie die Probleme unserer Produktionen lösen half, als auch weil sie Beschränkungen aufhob, die Stanislawski selbst erkannt hatte.

Diese Neuformulierung verlangt vom Schauspieler nicht nur, daß er das gewünschte künstlerische Resultat hervorbringt, sie besagt auch, daß er dieses Resultat nur erreichen kann, wenn er es zu einem wirklichen, persönlichen Erlebnis für sich macht. Damit kommen die Prinzipien der Motivation und der Ersetzung ins Spiel. Der Schauspieler ist nicht darauf beschränkt, sich so zu verhalten, wie er selbst sich unter den Umständen verhalten würde, die der von ihm verkörperten Gestalt vorgegeben sind; er sucht vielmehr nach einer Ersatzrealität, die sich von der durch das Stück vorgegebenen Wirklichkeit unterscheidet und die es ihm ermöglichen soll, gemäß den Anforderungen der Rolle wahrheitsgetreu zu agieren. Dies muß nicht unbedingt die Art und Weise sein, in der er selbst sich unter denselben Umständen verhalten würde; er bleibt also nicht auf das eigene natürliche Verhalten beschränkt. (Strasberg 1988, S. 112 ff.)

Man muß unterscheiden zwischen den Schauspielern, die durch irgend etwas gehemmt werden, tiefe Emotionen zu empfinden, und jenen, die sehr tief und intensiv fühlen, aber in einer Umgebung aufgewachsen sind, die ihre Fähigkeit, diese Intensität auch auszudrücken, nicht gefördert und entwickelt hat. Unter normalen Erlebnisbedingungen äußern sie sich deutlich und direkt, aber je intensiver das Erlebnis, desto schwerer fällt es ihnen, es zum Ausdruck zu bringen. Da keine Hemmungen im Wege sind, besteht nicht die Notwendigkeit, irgend etwas zu unterdrücken; es kommt nur darauf an, sich zu entspannen und nicht auf die gewohnten Ausdrucksformen zurückzugreifen. Dann wird die Gefühlsregung neue Ausdrucksformen finden und hervorbringen, die dem Stück angemessener sind als diejenigen, an die der Schauspieler gewöhnt ist. So wie sich das Wasser seinen Weg selbst sucht, so sucht sich anscheinend auch eine Gefühlsregung den ihr gemäßen Ausdruck.

Ein falsches Verständnis der von mir beschriebenen Arbeit mit dem Schauspieler hat mancherlei Verwirrung gestiftet. Manche behaupten, diese Fragen gehörten in den Aufgabenbereich des Analytikers, des Psychologen oder des Arztes. Man hat den Vorwurf erhoben, diese Arbeit sei eigentlich nichts anderes als eine Laien-Analyse, eine 'billige' Form von Psychotherapie. Und es trifft immerhin zu, daß sie oft zu Ergebnissen führt, die mit der Schauspielerei nichts zu tun haben. ...

Es ist einfach so: da ich mich mit dem ganzen Menschen beschäftige, mit seiner Art, zu denken, zu empfinden, zu fühlen, sich zu verhalten und sich auszudrücken, gerate ich immer wieder auf Gebiete, mit denen sich auch andere in anderen Zusammenhängen befassen. Aber ich möchte betonen, daß die Absichten hierbei völlig anderer Art sind. Wenn der Psychologe seinem Patienten hilft, sich zu entspannen, dann tut er das, um psychische und emotionale Schwierigkeiten und Störungen zu beseitigen. Mir hingegen geht es in der Schauspielerei nicht darum, irgendwelche Erfahrungem oder Empfindungen zu beseitigen. ... Und ganz gewiß beseitige ich keine Gefühle und Empfindungen! Ich verhelfe jedem einzelnen dazu, sich der tiefsten Quellen seiner Empfindungen und Kreativität zu vergewissern und zu lernen, wie sich diese Empfindungen im Prozeß der Hervorbringung eines künstlerischen Resultats willentlich immer wieder erzeugen lassen. ...

Die beiden Gebiete, auf denen ich im Laufe meiner Arbeit... die wichtigsten Entdeckungen gemacht habe, sind das der Improvisation und das des affektiven Gedächtnisses. (Der Begriff 'affektives Gedächtnis' stammt von dem französischen Psychologen Theodule Ribot und wurde von Stanislawski in die Schauspielpädagogik eingeführt. Allerdings ersetzte er den Begriff durch den Terminus 'emotionales Gedächtnis'. Aus diesem grenzte er das 'Gedächtnis der Sinnesorgane' aus, subsumierte es aber schließlich wiederum unter den Begriff 'emotionales Gedächtnis'. Strasberg greift den Terminus von Ribot wieder auf und stellt ihm den des 'sensorischen Gedächtnisses' an die Seite - d. Hrsg.) ...

Die Improvisation war schon für Stanislawski ein wichtiges Mittel gewesen. Gewiß, es gibt in seinem Werk kein Kapitel über die Improvisation; aber die Etüden, die er beschreibt, waren nichts anderes als Improvisationen, und sie wurden nicht nur im Training, sondern auch im eigentlichen Inszenierungsprozeß eingesetzt. ...

Der größte Wert der Improvisation besteht darin, daß sie im Schauspieler einen kontinuierlichen Fluß von Reaktionen und Gedanken in Gang bringt. Viele Schauspieler glauben, daß sie auf der Bühne wirklich nachdenken. Sie bemerken nicht, daß ihr Denken ganz und gar an die einstudierten Dialogzeilen gebunden ist. Beim Training oder bei den Proben wechsele ich oft ganz bewußt die Objekte, die Partner oder andere Details aus, um den Schauspielern zu demonstrieren, wie sie nun unverändert mit dem fortfahren und das sagen, worauf sie sich vorbereitet haben. Oft kommt ein Schauspieler dahin, die Szene einleuchtender und überzeugender zu spielen, nicht nur aus seinem eigenen Blickwinkel, sondern auch aus dem des Publikums. ...

Die Improvisation hält nicht nur das Denken und die Reaktionen des Schauspielers im Fluß, sie hilft ihm auch, das einleuchtende Verhalten der von ihm verkörperten Gestalt herauszufinden, statt die offenkundige Bedeutung des Textes 'bloß zu veranschaulichen'. Schauspieler sind häufig sehr erstaunt darüber, daß sie für Szenen großes Lob erhalten, in denen sie an irgend etwas dachten, das mit dem Stück nichts zu tun hatte. Wie schon gesagt, es kommt weniger darauf an, was der Schauspieler denkt, als vielmehr darauf, daß er wirklich über etwas nachdenkt, das in diesem Augenblick für ihn real ist. So zu tun, als würde man über etwas nachdenken, das mit dem Stück zu tun hat, ist nicht real genug, auch wenn es vielleicht ausreicht, das Publikum zu täuschen. Das meinen wir, wenn wir das Spiel eines Darstellers zuweilen als bloße 'Andeutung' bezeichnen. ...

Das Gedächtnis läßt sich in drei Sphären einteilen. Die erste ist das Verstandesgedächtnis, das sich leicht kontrollieren läßt. Wir versuchen zum Beispiel uns in Erinnerung zu rufen, wo wir gestern um diese Zeit waren - dazu sind die meisten Menschen imstande. Die zweite Sphäre ist das körperliche Gedächtnis, das uns lehrt, unsere Muskeln zu beherrschen. Während des Lernprozesses ist uns durchaus bewußt, was wir gerade tun, aber nachdem wir es erlernt haben, vollziehen wir die Bewegung automatisch, aus dem Gedächtnis. ...

Die dritte Art von Gedächtnis ist das affektive Gedächtnis. Es besteht aus zwei Teilen: dem Wahrnehmungsgedächtnis und dem emotionalen Gedächtnis.

Das affektive Gedächtnis liefert das Ausgangsmaterial für die Wiederbelebung von Gefühlen und insofern auch für die Hervorbringung eines wirklichen Erlebnisses auf der Bühne. Der Schauspieler wiederholt von Aufführung zu Aufführung ja nicht bloß die Worte und Bewegungen, die er bei der Probe einstudiert hat, sondern auch die Gefühlserinnerungen. Und er gelangt zu diesen Emotionen durch das Verstandes- und das Empfindungsgedächtnis. ... Intellektuelle und physische Handlungen lassen sich mit dem Willen kontrollieren, nicht jedoch die Emotionen. Man kann sich nicht vornehmen, wütend zu werden, zu hassen, zu lieben und so weiter. Umgekehrt kann man sich auch nicht vornehmen, diese Emotionen zu stoppen, wenn sie einmal in Gang gekommen sind. ... Die 'Inspiration', die ich schon früh bemerkt hatte, war immer dann zustande gekommen, wenn ein großer Schauspieler unbewußt agierte und imstande war, ein aufwühlendes Erlebnis wiederzubeleben und in der Aufführung zum Ausdruck zu bringen. ... Aber diese Schauspieler waren nicht immer in der Lage, solche Erlebnisse willentlich zu reproduzieren. Die bewußte, vom Willen gesteuerte Wiederbelebung intensiver emotionaler Erfahrungen bildete das Zentrum unserer Arbeit.

Mit Hilfe von Übungen zum 'emotionalen Gedächtnis' trainiert sich der Schauspieler darin, die 'Inspiration' zu beherrschen. Will er ein Erlebnis wiederbeleben oder neu durchleben, so muß er sich zunächst einmal entspannen, damit es nicht zu Störungen in der Beziehung zwischen seiner geistigen Aktivität und den anderen Bereichen kommt, die zu einer Reaktion veranlaßt werden sollen. ...

Es ist notwendig, noch einmal die Stunden und Tage durchzugehen, die es dauerte, bis das emotionale Ereignis sich entwickelte. Der Schauspieler setzt fünf Minuten vor dem emotionalen Ereignis ein. Der korrekte Prozeß besteht darin, eine Reaktion durch sinnliche Wahrnehmung auszulösen. Er versucht sich daran zu erinnern, wo er sich befand - sagen wir, in einem Hof. Der Schauspieler darf nun aber nicht einfach in allgemeinen Vorstellungen denken. Der Hof besteht aus vielen Objekten, die er sieht, hört, berührt und so weiter, und denen er das Wort Hof zuweist. Nur wenn man diese Objekte in ihrer sinnlichen Konkretheit formuliert, lassen sich Emotionen stimulieren. Es genügt nicht, zu sagen: 'Es ist heiß'. Der Schauspieler muß vielmehr genau bestimmen, in welchem Bereich er die spezielle Hitze, an die er sich erinnert, empfindet; der Schauspieler lokalisiert die Konzentration in diesem Bereich, nicht um eine bloße Erinnerung, sondern um die Wiederbelebung eines ganz bestimmten Augenblicks hervorzubringen. Er erinnert sich daran, wie er angezogen war: das Aussehen der Kleidung, die Art des Stoffes, wie er sich auf der Haut anfühlte. Wenn er sich das Ereignis, das die Emotion hervorbrachte, in Erinnerung zu rufen versucht, dann nicht in Form einer Geschichte mit einem Anfang und einem Ende, sondern aus den verschiedenen Sinneseindrücken heraus, die es begleiteten. Wenn eine andere Person beteiligt ist, dann muß auch sie aus dem Wahrnehmungsgedächtnis heraus neu erlebt werden.

Wenn der Schauspieler dem Augenblick der intensiven emotionalen Reaktion näherkommt, bringt sein Körper oft eine Gegenspannung hervor, um die Emotion zu stoppen; es sperrt sich etwas in uns gegen die Wiederbelebung intensiver Erlebnisse. Wenn der Schauspieler den Augenblick der höchsten Intensität erreicht, muß er imstande sein, die Konzentration seines Wahrnehmungsvermögens aufrechtzuerhalten, sonst gerät sein Wille außer Kontrolle und er wird von dem emotionalen Erlebnis fortgerissen. ...

Der eigentlichen Arbeit des Schauspielers - der Ausbildung seiner inneren Fertigkeiten - geht die Entwicklung seiner Entspannungs- und Konzentrationsfähigkeit voran. Das Konzentrationstraining entwickelt die Fähigkeit, die eigenen Sinne nicht nur im Umfang mit wirklichen, sondern auch mit imaginären Objekten einzusetzen. ...

Im allgemeinen sagt man, Schaupielen verlange Glaubwürdigkeit, Überzeugungskraft und Phantasie. Glaubwürdigkeit setzt voraus, daß man selbst an etwas glaubt; Überzeugungskraft setzt voraus, daß etwas überzeugend wirkt; Phantasie setzt voraus, daß man imstande ist, sich etwas Bestimmtes vorzustellen. Ziel der Übungen ist es, die Sensibilität des Schauspielers zu trainieren, daß er befähigt wird, mit imaginären Objekten auf der Bühne so intensiv und lebendig umzugehen wie mit realen Objekten im Leben. Dann verlangt er die Glaubwürdigkeit, die Überzeugungskraft und die Phantasie, die notwendig sind, um auf der Bühne jene 'Verlebendigung' zu schaffen, die vom Darsteller verlangt wird. Hier liegt der Schwerpunkt meiner Arbeit. ...

Alles, womit wir uns bei diesen Übungen beschäftigen - Entspannung, Konzentration, Wahrnehmungsgedächtnis, emotionales Gedächtnis -, wurde bereits von Stanislawski definiert. Jede Übung und jeder Trainingsabschnitt beginnt mit der Entspannung. Der Schauspieler versucht herauszufinden, welche Körperbereiche verspannt sind, und bemüht sich, einen Kontakt zu ihnen herzustellen. Diese Spannung ist nicht emotionaler Art, sie hat mit Kummer, Sorgen oder Unruhe nichts zu tun. Ein Mensch, der Kummer oder Unruhe empfindet, kann durchaus entspannt und daher auch imstande sein, mit diesen Regungen fertig zu werden., Spannung deutet auf das Vorhandensein unnötiger, überschüssiger Energie, die den Fluß der Gedanken oder Empfindungen in das angesprochene Gebiet hemmt. Es ist zwar unmöglich, den Körper von Spannung völlig frei zu machen, aber der Schauspieler muß lernen, sie so weit zu beherrschen, daß sie die von seinem Willen ausgehenden Kommandos an den eigenen Körper nicht behindert. Die Entspannung hat eine ähnliche Funktion wie das Stimmen einer Violine oder eines Klaviers. Der Musiker mag lauter richtige Kommandos geben - wenn sein Instrument nicht richtig gestimmt ist, wird das Ergebnis unbefriedigend bleiben. Die Tatsache, daß der Schauspieler auftritt, erzeugt an sich schon eine Spannung in ihm. Die Bühnenumgebung, die vom Auftretenden Kenntnis seines Textes, Konzentration, Bewegung und Kommunikation verlangt, setzt ihn einem spezifischen äußeren und inneren Druck aus. Sich zu entspannen lernt der Schauspieler nicht nur als Vorbereitung für einen Auftritt, sondern auch um eine Aufführung durchzustehen. Er hat es mit einem Instrument - sich selbst - zu tun, dessen Subjektivität auch dann weiter funktioniert, wenn es seinen objektiven Kommandos gehorcht. Die richtige Beherrschung der eigenen Energie ist eine Grundvoraussetzung für alles weitere. ...

Um Entspannung zu erreichen, tut der Schauspieler einige einfache Schritte. Zuerst sucht er auf einem Stuhl eine Haltung, die ihm eine gewisse Bequemlichkeit bietet und seinen Körper stützt. Da sich der Schauspieler unter sehr unterschiedlichen Bedingungen entspannen können muß, wählen wir hierzu lieber einen Stuhl aus, der nicht allzu bequem ist, auf dem er aber doch einschlafen könnte, wie im Bus, im Zug oder im Flugzeug. Viele Menschen wissen buchstäblich nicht, was sie mit ihrem Körper anfangen sollen. Sie rekeln sich einfach in einem Stuhl und haben nur den Wunsch, sich zu entspannen. Der Schauspieler muß sich zunächst klar machen, wie er die verschiedenen Partien seines Körpers dem Stuhl anpaßt, um nicht bloß Bequemlichkeit, sondern Entspannung zu erreichen.

Man kann in einer bequemen Haltung entspannt sein. Bequemlichkeit ist nur das, woran wir gewöhnt sind, aber man neigt dazu, sie mit Entspannung zu verwechseln. In einem zweiten Schritt macht sich der Schauspieler daran, die verschiedenen Bereiche seines Körpers auf das Vorhandensein von Spannung zu überprüfen. Normalerweise wird er unbewegt dasitzen und annehmen, daß das Nachdenken über die Entspannung das gewünschte Resultat hervorbringt. Wir ermuntern den Schauspieler, jeden Körperteil zu überprüfen, indem er ihn bewegt und den Muskel oder Nerv dann dazu bringt, sich zu entspannen. Ohne die tatsächliche Bewegung führt das innere Kommando des Schauspielers zu nichts. Die Muskelbewegung zielt darauf, eine Verbindung zwischen dem Gehirn und den verschiedenen Bereichen des Körpers zu knüpfen, denn später auf der Bühne muß der Körper diesem Kommando auch ohne wirkliche Bewegung gehorchen. ...

Während der Entspannungsübungen begegnet dem Schüler häufig eine Emotion, die aus seinem Inneren heraufgespült wird, die ihn ängstigt und seine Entspannungsbemühungen behindert. Der erste Impuls des Schauspielers geht dahin, die Emotion zu unterdrücken oder abzuwürgen. Das geschieht meist automatisch, denn es gehört zu der gesellschaftlichen Konditionierung, der wir alle unterliegen. Wir müssen uns jedoch bemühen, die Emotion zum Ausdruck kommen zu lassen. Das gelingt mittels eines einfachen Verfahrens: der Schauspieler erzeugt einen leicht und gleichmäßig schwingenden Ton in der Brust: 'Ahhhhhhhhhhhhhh'. Durch diesen Ton wird der Emotion der Weg zum Ausdruck gebahnt. Der Schauspieler muß jedoch daran denken, währenddessen die auf Entspannung zielenden Bewegungen fortzusetzen, sonst würde der Ton nicht zur Freisetzung von Energie führen, sondern bloß zur Entlastung, und die Gewohnheit, den Gefühlsausdruck zu stören und abzuwürgen, würde noch verstärkt, statt beseitigt. Falls die oben beschriebene Prozedur die emotionale Erfahrung nicht freisetzt, sondern die Entspannung hemmt, sollte der Schauspieler einen heftigen, explosiven Laut ausstoßen, in den er alles hineinlegt: 'Hah!' Das gestattet den Ausdruck dieser stärkeren Emotion. ...

Die Entspannung ist nur ein Vorspiel zu dem, worauf es dem Schauspieler in erster Linie ankommen muß: auf die Konzentration. Alles, was der Schauspieler tut, hat diese beiden Seiten. Entspannung steht in einem engen Zusammenhang mit der Konzentration.

Eine der wichtigsten Anforderungen an den Schauspieler betrifft seine Fähigkeit, etwas, das er schon viele Male getan hat, so zu wiederholen, daß es spontan wirkt. Etwas, das sorgfältig geprobt wurde, soll aussehen, als sei es improvisiert. Entgegen der landläufigen Ansicht, der Schauspieler tue auf der Bühne eins nach dem anderen, hat er es in Wirklichkeit mit einer ganzen Anzahl von Problemen gleichzeitig zu tun. Er muß jederzeit klar vor Augen haben, worauf sich sein Hauptaugenmerk richten muß, und außerdem muß er wissen, wie alle anderen Objekte, mit denen er sich gleichzeitig abzugeben hat, ihrer Bedeutung nach gestaffelt sind. All dies hängt von der Fähigkeit des Schauspielers ab, die eigene Konzentration zu kontrollieren, zu teilen und anzupassen. Das Talent des Schauspielers kommt nur in dem Maße zum Zuge, wie seine Konzentrationsfähigkeit trainiert ist. Die Konzentration gestattet es dem Schauspieler, sich auf die vom Stück geforderte imaginäre Realität einzulassen; deshalb ist die Konzentration der Schlüssel zu dem, was man meist ungenau als Phantasie oder Vorstellungskraft bezeichnet.

Mit Hilfe der Konzentrationsübungen soll der Schauspieler trainieren, irgendein Objekt oder eine Gruppe von Objekten zu erschaffen oder wiederzuerschaffen, die sich zu einem Ereignis zusammenfügen, welches das gewünschte, in der Aufführung benötigte Gefühl hervorruft. So wird der Schauspieler motiviert, sich in das für seine Rolle notwendige und logische Verhalten hineinzufinden.

Wenn man sich konzentrieren will, braucht man einen Gegenstand, auf den man sich konzentriert; man kann sich nicht abstrakt konzentrieren. Das bloße Vorhandensein eines Objektes regt die Konzentration nicht an. Wenn man einen Stuhl ansieht und sich zu konzentrieren versucht, geschieht nichts: Wenn man sich jedoch einfache Fragen stellt - Wie breit ist der Stuhl? Wie hoch ist er? Woraus ist er gemacht? und so weiter, dann kommt auch schon eine einfache Konzentration zustande. Aber dies ist im Grunde genommen immer noch eine Art von Beobachtung. Die für das Spiel auf der Bühne notwendige Konzentration setzt die Fähigkeit voraus, etwas wiederzuerschaffen, das nicht da ist. Sie setzt nicht nur die Phantasie in Gang, sie mündet auch in jene Art von Glaubwürdigkeit und Wahrhaftigkeit, die man oft als das wesentliche Element aller Schauspielkunst bezeichnet hat. Wie schon gesagt, wenn wir im wirklichen Leben glauben, etwas sei wahr, dann verhalten wir uns auch so, als wäre es tatsächlich wahr. Die Aufgabe des Schauspielers besteht darin, diese Glaubwürdigkeit auf der Bühne zu erzeugen, das heißt, er muß imstande sein, die imaginären Ereignisse und Objekte des Stückes mit all den automatischen psychologischen Reaktionen zu erleben, die auch zu einem wirklichen

Erlebnis gehören würden. Das Konzentrationstraining beschäftigt sich zunächst mit der Fähigkeit des Schauspielers, Dinge wiederzuerschaffen, die ihm im täglichen Leben begegnen. Dazu prüft er einfach, in welchem Maße seine Sinne auf das jeweilige Objekt reagieren. Zuerst lernt der Schauspieler also, wie seine Sinne reagieren, wenn das Objekt vorhanden ist; dann lernt er, diese Reaktionen auch hervorzubringen, wenn das Objekt nicht vorhanden ist. Der Weg zur Konzentration führt in diesen ersten Übungen über das Wahrnehmungsgedächtnis. Die Übungen befassen sich mit imaginären Objekten. Die verschiedenen Sinne sind im Leben ungleichmäßig gut entwickelt. Manche Leute sehen besser, als sie hören; andere schmecken genauer, als sie riechen. Von diesen Gegebenheiten müssen wir auch bei unseren Übungen ausgehen. Durch diese Übungen schulen und stärken wir also auch die Sinne selbst. ...

Falls der Schauspieler ... noch Schwierigkeiten hat, ... befassen wir uns mit dem, was wir als persönliches Objekt bezeichnen. Im Grunde genommen unterscheidet es sich nicht von irgendeinem anderen Objekt, aber es muß für den Schauspieler irgendeine persönliche Bedeutung haben. Um den Schauspieler zu ermuntern, eine persönliche Beziehung zu dem Objekt herzustellen, liefern wir ihm eine völlig übertriebene Schilderung dieses Objektes. ... Da das Objekt über eine 'eingebaute' persönliche Erfahrung verfügt, wird es unweigerlich auch eine Reaktion auslösen. ... Die nun folgenden Übungen prüfen nicht bloß das Vorhandensein, sondern auch die Intensität des Wahrnehmungsgedächtnisses. Wir überprüfen die Intensität der Reaktion des Schauspielers mit Hilfe von Übungen, in denen es um heftigen Schmerz geht. Hier hat es der Schauspieler erstmals mit einem Objekt zu tun, mit dem er nicht direkt umgehen kann; er muß sich vielmehr auf die Erinnerung an eine bestimmte Empfindung stützen. Der Schmerz, den sich der Schauspieler für seine Arbeit aussucht, sollte keine allgemeine, den gesamten Körper betreffende Empfindung sein, er sollte vielmehr in einem ganz bestimmten Bereich angesiedelt sein, sodaß die Konzentration weiß, wohin sie sich richten soll. Die ursprüngliche Reaktion des Schauspielers auf die Empfindung sollte heftig gewesen sein. Wenn er imstande ist, sie neu hervorzubringen, dann können wir davon ausgehen, daß seine Reaktion die gleiche Intensität besitzt. Viele Schauspielers sind anfangs geradezu erschrocken über die Intensität der von ihnen imaginierten Realität. Eigentlich haben sie im Hinterkopf immer noch die Vorstellung, die imaginäre Realität sei nicht existent und nur von einem Abbild der Wirklichkeit hervorgebracht. Jetzt aber wird ihnen klar, welche Kraft die Phantasie in Wirklichkeit besitzt. Der neu-erschaffene Schmerz bricht mit einer Stärke durch, wie sie es nie für möglich gehalten hätten. Zum erstenmal kommt ihnen zu Bewußtsein, daß Schauspielen kein bloßes So-tun-als-ob ist; die Vorstellungskraft des Schauspielers kann nicht nur eine Vorstellung von einem Erlebnis ver-mitteln, sie kann das Erlebnis als solches neu hervorbringen, was den Schauspieler wiederum von seiner eigenen Präsenz und Realität überzeugt und ihn dadurch nötigt, an das, was er tut, auch zu glauben. ...

Dann wendet sich der Schauspieler einer Übung zu, in der es um das Gesamtempfinden geht. Gesamtempfindungen werden nicht lokal, son-dern mit dem gesamten Körper wahrgenommen. Meistens beginnen wir mit Übungen, in denen es darum geht, ein Bad zu nehmen, dann folgt die Dusche, ein Dampfbad oder eine- Sauna. ... Diese Übungen können anscheinend ganz erheblich dazu beitragen, die volle Reaktionsfähigkeit des Schauspielers zu mobilisieren. ...

Bisher hat der Schauspieler daran gearbeitet, die oben beschriebene Gesamtempfindung hervorzubringen. Jetzt fügen wir ein Objekt hinzu. Hier verwende ich im allgemeinen das persönliche Objekt. Man könnte auch jedes andere verwenden, aber da das persönliche Objekt stärkere Gefühlsreaktionen auslöst, ist es an dieser Stelle besonders geeignet. Der Schauspieler bringt die Gesamtempfindung hervor und erhält sie aufrecht; gleichzeitig erschafft er ein imaginäres persönliches Objekt. An diesem Punkt ist es dem Schauspieler gestattet, Laute von sich zu geben ('Ahhh' oder 'Hah'!), lang oder kurz, gleichmäßig und gelassen oder laut und explosiv, je nachdem, wie intensiv die Reaktion ist, die nach Ausdruck sucht.

Nun fügen wir bewußt gesteuerte stimmliche Äußerungen hinzu, meist ein Lied, das mit oder ohne Worte gesungen oder gesummt werden kann. Die Worte können auch unabhängig von der Melodie verwendet werden. Das Ziel besteht nicht darin, den Klang im gewohnten Rhythmus und in der gewohnten Tonalität hervorzubringen, sondern darin, ihm durch die Realität, die der Schauspieler hervorbringt, eine bestimmte Färbung zu verleihen. Auch wenn er es sich nicht bewußt macht, neigt der Schau-spieler dazu, das Lied so zu singen, wie man es gewohntermaßen erwartet. Wir versuchen an diesem Punkt nun, genau das Gegenteil zu tun. ...

Nehmen wir an, der Schauspieler spielt den Hamlet in einer Inszenie-rung, die auf einer neuen, originellen Interpretation des Stücks beruht. Der Regisseur besteht darauf, daß Hamlet, während er den Monolog 'Sein oder

Nichtsein' spricht, betrunken ist und dabei hysterisch lacht, als hielte er das alles für einen Witz. Der Schauspieler muß nun gegen die unbewußte Neigung ankämpfen, den Monolog in jenem leisen, bedächtigen, durchgeistigten Ton zu halten, den man im allgemeinen mit ihm assoziiert. Auch wenn er die Trunkenheit und das Gelächter hervorzubringen vermag, wird ihn der 'Zungenmuskel' (um Stanislawskis Ausdruck zu verwenden) jedes Mal in die Bahnen des gewohnten Vortrags zurückziehen. Schon in dieser frühen Ausbildungsphase bereiten wir den Schauspieler darauf vor, gegen konventionelle Sprechmuster anzukämpfen. Ziel ist, den Schauspieler darin zu schulen, seine willkürlichen Vortragsgewohnheiten unter Kontrolle zu bringen und den Worten jede beliebige Bedeutung zu verleihen, die sich aus dem Erleben oder Verhalten des Schauspielers ergibt. So kann der Schauspieler zu Ergebnissen gelangen, die er selbst vielleicht gar nicht vorhergesehen hat und mit denen er vielleicht auch gar nicht einverstanden ist.

Die Übungen gewinnen an Komplexität, wenn noch weitere Probleme hinzugefügt werden. Über die Gesamtempfindung, das persönliche Objekt und die Betätigung der Stimme hinaus, wird der Schauspieler nun etwa aufgefordert, körperliche Verrichtungen zu erschaffen, die Teil eines alltäglichen Geschehens sind: Anziehen, Gesichtwaschen, Zähneputzen, Kämmen, Frühstückzubereiten und so weiter. Hier gilt es, die logische Reihenfolge dieser Verrichtungen zu beachten. Der Schauspieler hat es weiterhin mit den Anforderungen seiner eigenen Kreativität zu tun und beachtet gleichzeitig eine notwendige körperliche Logik. Alle diese zusätzlichen Elemente verlangen natürlich eine volle sensorische Realität und nicht bloß muskuläre Imitation. ...

Die meisten Menschen besitzen Verhaltungsweisen, die sie nur einsetzen, wenn sie in ihrer privaten Sphäre für sich sind, denen sie jedoch in der Öffentlichkeit nicht freien Lauf lassen würden. Mitte der fünfziger Jahre begann ich, die Übung 'Der private Moment' zu entwickeln. Viele Menschen ... singen nie, außer wenn sie für sich sind. ... Viele Menschen tanzen und bewegen sich sehr lebhaft, aber nur, wenn sie für sich sind. ... Ein privater Moment wird nicht durch das charakterisiert, was geschieht, sondern durch das spezifische Gefühl von Privatheit, das er für den Schauspieler besitzt, der ihm Ausdruck verleiht. Für den Beobachter scheint das private Moment oft gar nichts Privates an sich zu haben. Nicht das Handeln als solches ist privat; es ist vielmehr seine Bedeutung für den einzelnen, die es zu etwas Privatem macht. Die Aufgabe, einen privaten

Moment vor einem Publikum darzustellen - wenn der Schauspieler genau weiß, daß er beobachtet wird -, wird daher zu einem wertvollen Trainingsinstrument. Der Schauspieler beginnt damit, den Ort, die Umgebung, den Raum zu schaffen, in dem sich das private Verhalten normalerweise abspielt. Dann fügt er die Bedingungen hinzu, die dieses Verhalten motivieren; zum Beispiel, er ist gezwungen, sich die Frage zu stellen, ob er als Schauspieler weiterarbeiten soll; oder seine äußere Erscheinung macht ihm infolge irgendeiner Beleidigung Kummer. Der Schauspieler imitiert jetzt nicht, was er zuvor gedacht oder getan hat. Er versucht, die Übung wirklich zu vollziehen, indem er auf die ursprüngliche Motivation zurückgreift. Wenn ihm das schwerfällt, versucht er noch einmal, den Ort zu schaffen, wo sich das Verhalten abspielte. Wenn er sich nicht motiviert fühlt, sich so zu verhalten, wie er es ursprünglich getan hat, dann kommt nichts dabei heraus. Wäre er privat für sich, dann wäre das anders. Es ist also offenbar nicht privat genug. Deshalb verstärkt er seine Aufmerksamkeit durch Konzentration auf den Ort der Privatheit und die zugehörigen Elemente. Seine Konzentration und der Grad, in dem er sich auf das Erlebnis einläßt, müssen zunehmen. Es fällt ihm dann zusehends leichter, in der Öffentlichkeit einsam zu sein. ...

Zu diesem Zeitpunkt nehme ich dann meist die Tierübung hinzu. Sie hilft dem Schauspieler bei der Annäherung an eine Rolle den Unterschied zwischen sich und der von ihm verkörperten Gestalt zu erkennen. Diese Übung trainiert den Schauspieler, indem sie ihn zwingt, sich mit dem Verhalten der von ihm verkörperten Gestalt zu befassen, statt sich auf die eigenen Gefühle zu verlassen. Bei Personen, die eine starke subjektive Ader haben und deren Emotionen zu einem statischen Verhalten führen, benutzen wir diese Übung schon früher, um sie von ihren eigenen subjektiven Gefühlen abzubringen und ihre psychischen und körperlichen Fähigkeiten zu stärken. ...

Zunächst bemerkt der Schauspieler die rein physischen Unterschiede zwischen sich und dem Tier, dann erschafft er diese Unterschiede durch die Beherrschung der eigenen physischen Energien. Anfangs also keinerlei Emotion und keinerlei Empfindung. Deshalb hält sich der Schauspieler zunächst an die objektive Beobachtung und wird nach und nach fähig, die entsprechenden Körperpartien zu beherrschen, einzugrenzen und sie zu veranlassen, das zu tun, was das Tier tut. Er lernt, mit dem eigenen Körper die physischen Energien des Tiers zu wiederholen und ein Gefühl für das physische Leben des Tieres aufzubauen - Kraft und Stärke des Löwen, die

Schläfrigkeit der Katze, die merkwürdige Art, in der der Affe beobachtet, was der Mensch treibt usw. So lernt der Schauspieler auf der physischen Ebene, wie das Tier zu handeln und es nachzuahmen, wobei die physische Aktivität auch ein sinnliches Element enthält. An diesem Punkt nun richtet der Schauspieler das Tier auf, er stellt es auf zwei Beine, wobei er die Energien, die das Tier besitzt, beibehält. Auch wenn der Schauspieler nie beobachtet hat, wie sich das Tier aufrichtet, versucht er zu erschaffen, wie es dies tun würde. Der Schauspieler verwendet die Laute des Tieres und fügt den Tierlauten oft auch gesprochene Worte hinzu. Dieser Prozeß wird fortgesetzt, bis wir einen Menschen mit Tiereigenschaften vor uns haben. So wird er zu einem Rollencharakter. Wenn man zum Beispiel einen Schimpansen nimmt, ihn auf zwei Beine stellt und eine Rollenfigur aus ihm macht, ist er kein Schimpanse mehr. Er wird zu einer Figur, die mit menschlicher Stimme und menschlicher Intonation spricht, aber die Merkmale des Tieres besitzt. Das hilft dem Schauspieler, einen bestimmten Menschentypus - einen Charakter - hervorzubringen, der nicht er selbst ist. ...

Bei der Übung zum emotionalen Gedächtnis wird der Schauspieler gebeten, ein Erlebnis aus seiner Vergangenheit wiedererstehen zu lassen, das ihn tief bewegt hat. Das Erlebnis soll wenigstens sieben Jahre zurückliegen. Ich bitte den Schüler, das Eindringlichste zu wählen, was ihm je wiederfahren ist, gleichgültig, ob es Wut, Angst oder Erregung in ihm auslöste. Der Schüler versucht nun, die Empfindungen und Emotionen der Situation in ihrer ganzen Wahrnehmungsbreite neu zu erschaffen. Er muß die Umstände schaffen, die zu dem Erlebnis führten: wo er sich aufhielt, wer bei ihm war, wie er gekleidet war, was er gerade tat, und so weiter. ...

Der Schauspieler beginnt mit der Übung. Er erzählt mir nicht die Geschichte. Um Gefühle und Emotionen soll er sich nicht kümmern, sondern nur um die Objekte in seiner Wahrnehmung - das, was er sieht, hört, berührt, schmeckt, riecht und was er kinetisch wahrnimmt. Der Schüler soll mir nicht sagen: 'Ich bin in einem Zimmer'. Er soll mir seine Empfindungen schildern, wenn er mit Hilfe des Wahrnehmungsgedächtnisses versucht, sie noch einmal heraufzuholen, genauso als würde er eine Konzentrationsübung machen. ... Indem sie die Einzelheiten der ursprünglichen emotionalen Erinnerung wiedererstehen ließ, brachte die Schauspielerin die ursprüngliche Emotion selbst wieder hervor. ...

Großen Wert für die Herstellung der Verbindung zwischen Impuls und Ausdruck, die dann zu voller, intensiver Expressivität führt, besitzt eine Übung, die ich 'Gesang und Tanz' nenne. ... Bei dieser Übung wird der Schauspieler aufgefordert, etwas zu tun, was scheinbar ganz einfach ist und dennoch seiner Ausbildung und seinen Gewohnheiten zuwiderläuft. Zunächst bitte ich den Schauspieler, sich einfach vor uns auf die Bühne zu stellen und die Leute anzusehen - nichts spielen, einfach nur entspannt dastehen. Bei den ersten Versuchen stellte ich fest, daß die Schauspieler sofort eine bestimmte Pose einnahmen. ... Ich sage zu dem Schauspieler: ... 'Ich möchte, daß du du selbst bist, daß du dich aufrechthältst, daß du gerade und ungezwungen dastehst und ohne allzu viel Mühe, ohne überflüssige Kraftanstrengung das findest, was man die eigene Mitte nennen könnte, und daß deine Beine einfach aus dem Körper herauskommen, um dich zu stützen, einfach um dich zu halten, ohne unnötigen Kraftaufwand'. ...In der zweiten Übung bitte ich den Schauspieler, er möge sich ein Lied ausuchen und versuchen, es anders zu singen, als er gewohnt ist. Statt das Lied kontinuierlich zu singen, soll er zum Zweck der Übung jede Silbe mit einem kräftig schwingenden Ton, der gleichwohl die Melodie beibehält, gleichen Wert geben. Dies soll zeigen, daß er - bloß als Übung der eigenen Willenskraft - das Lied auf eine völlig ungewohnte Weise singen kann. ... 'Es gibt keinen besonderen Grund dafür, daß jeder Ton gleich ist, es soll einfach zeigen, daß dich die Abfolge der Melodie nicht ermüdet, daß du sie vielmehr unter Kontrolle hast.'...

Der Kernpunkt der Übung besteht darin, daß alles, was geschieht, herauskommen muß; und wenn nichts geschieht, kommt eben dies zum Ausdruck. Man beachte, damit keine Mißverständnisse entstehen, daß in dieser Übung nichts zu geschehen braucht. Wenn nichts geschieht, ist das völlig in Ordnung. Wenn nichts geschieht und man sich durch die Gegenwart des Publikums nicht gedrängt fühlt, mehr zu tun, so bedeutet dies, daß das eigene Werkzeug, der Körper, vollkommen richtig reagiert. Wenn jedoch im Laufe der Übung Empfindungen und Impulse ausgelöst werden, muß der Schauspieler Verbindung zu ihnen aufnehmen. Man muß zulassen, daß er sich durch die willkürlichen Anforderungen der Übung ausdrückt und nicht durch die unwillkürlichen nervösen Bewegungen, Gesten und Reaktionen, die den Ausdruck dessen, was vor sich geht, nur abwürgen.

Die Übungen, die ich gerade beschrieben habe, bilden die erste Stufe in der Ausbildung des Schauspielers. Diese Ausbildung beginnt mit der

Arbeit des Schauspielers an sich selbst. ... Auf der zweiten Stufe seiner Ausbildung soll der Schauspieler die Fähigkeit entwickeln, Handlungen wahrhaftig und auf eine einleuchtende Weise auszuführen. ... Nun beginnt ... er, an Szenen aus Stücken zu arbeiten. Wenn man sich eine Szene vornimmt, legt man zumeist besonderes Gewicht auf die Deutung, die der Schauspieler einer Rolle gibt, auf die Grundidee der Rolle und das Thema des Stücks. Alle diese Momente sind für die Auseinandersetzung des Schauspielers mit seiner Aufgabe gewiß bedeutsam, aber es besteht die Gefahr, daß es hier bei intellektuellen Konzepten bleibt, die dem Schauspieler im Grunde gar nicht dabei helfen, seine Rolle wirklich auszufüllen. Man kann über glänzende, theoretische, literarische, kritische oder philosophische Deutungen eines Stückes verfügen und dennoch unfähig sein, auf der Bühne eine Realität zu erschaffen. Auf dieser Stufe der Ausbildung sind die Szenen daher nicht in ihrer Beziehung zum Stück wichtig; sie bieten dem Schauspieler vielmehr Gelegenheit, die Fertigkeiten, die er im Training erworben hat, in einer vorgegebenen dramatischen Sequenz zu erproben. (Strasberg 1988, S. 131 ff.)

15. Bertolt Brechts Auseinandersetzung mit dem "System"

"Der Messingkauf"

... Der Dramaturg:
Die Hauptwerke des Stanislawski, der übrigens viel experimentierte und auch phantastische Stücke aufführte, waren die seiner naturalistischen Epoche. Man muß bei ihm von Werken sprechen, denn wie es bei den Russen üblich ist, laufen einige seiner Aufführungen nun schon über 30 Jahre ganz unverändert, obwohl sie schon von ganz anderen Schauspielern gespielt werden. Seine naturalistischen Werke nun bestehen aus minutiös ausgeführten Gesellschaftsschilderungen. Vergleichen kann man sie mit durch tiefe Spatenstiche gewonnenen Erdklößen, von Botanikern zum Studium auf den Untersuchungstisch gebracht. Die Handlung der Stücke ist minimal, der Ausmalung der Zustände ist alle Zeit vorbehalten, es handelt sich um die Erforschung des Seelenlebens einiger Einzelpersonen, jedoch kommen auch Gesellschaftsforscher auf ihre Rechnung. Als Stanislawski im besten Alter stand, kam die Revolution. Sein Theater wurde mit größtem Respekt behandelt. 20 Jahre nach der Revolution konnte man auf diesem Theater wie in einem Museum noch die Lebeweise inzwischen von der Bildfläche verschwundener Gesellschaftsschichten studieren.

Der Philosoph:
Warum sprichst du von Gesellschaftsforschern? Konnten nur die sich dort über die Struktur der Gesellschaft orientieren und nicht alle Zuschauer?

Der Dramaturg:
Das möchte ich annehmen. Er war nicht Wissenschaftler, sondern Künstler, einer der größten seiner Zeit.

Der Philosoph: Ich verstehe.

Der Dramaturg:
Es kam ihm auf die Natürlichkeit an, und so schien alles bei ihm viel zu natürlich, als daß man sich dabei aufgehalten hätte, es eigens zu untersuchen. Du untersuchst ja für gewöhnlich auch nicht deine eigene Woh-

nung oder deine Eßsitten, nicht? Immerhin, ich sage dir ja, und das mag dir zu denken geben, seine Werke haben historischen Wert, wenn er auch kein Historiker war.

Der Philosoph:
Ja, für Historiker haben sie historischen Wert, wie es scheint.

Der Dramaturg:
Er scheint dich nicht zu interessieren.

Der Philosoph:
Oh, er mag manchem gesellschaftlichen Interesse dienen, aber kaum dem der Gesellschaftsforschung, wenngleich man ihn wohl auch diesem Interesse zuführen kann. Ihr wißt, einer, der einen Stein fallen läßt, hat noch nicht das Fallgesetz dargestellt, noch einer, der den Fall eines Steins lediglich genau beschreibt. Man kann vielleicht sagen, daß seine Aussagen der Wahrheit nicht widersprechen, aber wir wollen etwas mehr, wenigstens ich. Er scheint wie die Natur einfach zu sagen: Fragt mich aus! Aber wie die Natur wird er dem Frager auch die größten Hindernisse in den Weg legen. Und natürlich wird er nicht so gut sein wie die Natur selber. Das Abbild, mechanisch abgenommen und vielen Zwecken dienstbar gemacht, muß unbedingt ein sehr ungenaues sein. Sicher sind da Abkürzungen an den aufschlußreichsten Stellen, sicher ist da alles nur oberflächlich gemacht. Diese Abbilder bringen den Forscher für gewöhnlich in dieselbe Verlegenheit wie die 'genau' abgemalten Blumen: Den Bildern gegenüber helfen die Vergrößerungsgläser so wenig weiter wie alle anderen Versuchsinstrumente. Dies zu ihrem Wert als Gegenstände der Forschung. Auch hier wird der Gesellschaftsforscher seine Ausbeute eher in den Meinungen über die Zustände finden als in den Zuständen selber. Aber die Hauptsache für uns ist, daß diese Art Kunst Forscher benötigt, um Ergebnisse in der uns interessierenden Richtung zu liefern.

Der Dramaturg:
Und doch sind von Werken des Naturalismus gesellschaftliche Impulse ausgegangen. Das Publikum wurde dazu gebracht, eine ganze Menge unhaltbarer Zustände, nun, zu fühlen, daß sie eben unhaltbar waren.

Der Philosoph:
... Die Schwierigkeit liegt darin: Daß die Realität auf dem Theater wiedererkannt wird, ist nur eine der Aufgaben des echten Realismus. Sie muß aber auch durchschaut werden. Es müssen die Gesetzte sichtbar werden,

welche den Ablauf der Prozesse des Lebens beherrschen. Diese Gesetze sind nicht auf Photographien sichtbar. ... Eure naturalistischen Abbildungen waren schlecht gemacht. Darstellend wähltet ihr einen Standpunkt, der keine echte Kritik ermöglicht. In euch fühlte man sich ein, und in die Welt richtete man sich ein. Ihr wart, wie ihr wart, und die Welt blieb, wie sie war. ...

Um die Figur aufzubauen, sind mehrere Operationen nötig. Für gewöhnlich ahmt ihr ja nicht Leute nach, die ihr gesehen habt, sondern müßt euch die Personen, die ihr nachahmen wollt, erst vorstellen. Ihr geht von dem aus, was der Text, den ihr zu sprechen habt, die Handlungen und Reaktionen, die euch vorgeschrieben sind, die Situationen, in denen eure Figur sich entwickeln soll, euch in die Hand gibt. Ihr werdet wohl immer wieder euch in die Person, die ihr darstellen sollt, in ihre Lage, in ihre Körperlichkeit, in ihre Denkweise im Geist hineinversetzen müssen. Das ist eine der Operationen des Aufbaus der Figur. Es fördert durchaus unsere Zwecke, nur ist nötig, daß ihr es versteht, euch dann wieder hinauszuversetzen. Es ist ein großer Unterschied, ob jemand eine Vorstellung von etwas hat, wozu er Phantasie braucht, oder eine Illusion, wozu er Unverstand braucht. Wir brauchen für unsere Zwecke Phantasie; auch dem Zuschauer wollen wir eine Vorstellung von einer Begebenheit vermitteln, nicht eine Illusion erzeugen.

Der Schauspieler:
Ich glaube, du hast eine übertriebene Meinung, fast eine Illusion darüber, wie tief wir Schauspieler des alten Theaters uns in die Rollen einfühlen. Ich kann dir sagen, wir denken an allerhand beim Spielen des Lear, woran Lear kaum gedacht haben dürfte.

Der Philosoph:
Ich zweifle nicht daran. Nämlich daran, wie ihr dies bringen und wie ihr das vermeiden könnt und so weiter. Auch ob das Requisit zurechtgelegt wurde und ob der Komiker nicht wieder plötzlich mit den Ohren wackeln wird, wenn ihr euren großen Satz habt. Aber das sind lauter Gedanken, die der Bemühung gewidmet sind, das Publikum nicht aus seiner Illusion aufwachen zu lassen. Sie mögen eure Einfühlung stören, aber sie vertiefen die des Publikums. Und es ist mir ja bei weitem wichtiger, daß die letzte nicht zustande kommt, als daß die eure nicht gestört wird.

Der Schauspieler:
Das Sichhineinversetzen in die Person soll also nur bei den Proben vor
sich gehen und nicht auch beim Spielen?

Der Philosoph:
Ich bin jetzt in einiger Verlegenheit mit meiner Antwort. Ich könnte einfach antworten: Beim Spielen sollt ihr euch nicht in die Person hineinversetzen. ... Gleichwohl zögere ich. Ich kann mir Einfühlung als Grenzfall
vorstellen, ohne daß Schaden geschieht. Durch eine Reihe von Vorkeh-
rungen könnte man Schaden vermeiden. Sie müßte unterbrochen werden
und nur an bestimmten Stellen stehen oder ganz, ganz schwach sein und
gemischt mit kräftigen anderen Operationen. ... Kurz, wenn ich sicher sein
könnte, daß ihr den ungeheuren Unterschied zwischen dem neuen Spiel
und dem alten, das auf voller Einfühlung beruht, als kaum weniger ungeheuer sehen könntet, wenn ich ganz schwache Einfühlung für möglich
erkläre, dann würde ich es tun. Die Meisterschaft aber würde ich bemes-
sen danach, mit wie wenig Einfühlung ihr auskommt und nicht, wie es
sonst geschieht, danach, wieviel ihr davon zustande bringt. ...

Der Schauspieler:
Bedeutet Ausschaltung der Einfühlung Ausschaltung alles Gefühlsmäßigen?

Der Philosoph:
Nein, nein. Weder soll die gefühlsmäßige Anteilnahme des Publikums
noch die des Schauspielers gehindert werden, weder die Darstellung von
Gefühlen gehindert noch die Verwendung von Gefühlen durch den Schauspieler vereitelt werden. Nur eine der vielen möglichen Gefühlsquellen,
die Einfühlung, soll unbenutzt oder doch wenigstens zur Nebenquelle
gemacht werden.

(Brecht 1967a, S. 515 ff.)

'Über das Stanislawski-System'

Was es immer an Lehren über die Technik des Schauspielers ... gibt, zuletzt noch ein ganz ausgebautes System der theatralischen Darbietung des russischen Regisseurs und Schauspielers Stanislawski, besteht ziemlich ausschließlich aus Vorschlägen, wie die Einfühlung des Zuschauers, seine Identifikation mit Figuren des Stückes, erzwungen werden kann. Das System Stanislawskis ist ein Fortschritt schon deswegen, weil es ein System ist. Die von ihm vorgeschlagene Spielweise erzwingt die Einfühlung des Zuschauers systematisch, das heißt, sie bleibt nicht ein Ergebnis des Zufalles, der Laune oder des Ingeniums. Das Ensemblespiel erfährt eine hohe Qualifizierung, da auch die kleineren Rollen und die schwächeren Schauspieler auf Grund solcher Spielweise zu der Herstellung einer totalen Einfühlung des Zuschauers beitragen können. ...

Stanislawskis und seiner Schüler System studierend, konnte man sehen, daß Schwierigkeiten nicht geringer Art bei der Herbeizwingung der Einfühlung aufgetreten waren: Der betreffende psychische Akt war schwerer und schwerer herbeizuführen. Eine ingeniöse Pädagogik mußte erfunden werden, damit der Schauspieler nicht 'aus der Rolle fiel' und der suggestive Kontakt zwischen ihm und dem Zuschauer nicht Störungen ausgesetzt wurde. Stanislawski behandelte diese Störungserscheinungen ganz naiv nur als rein negative, vorübergehende Schwächezustände, die unbedingt behoben werden mußten und behoben werden konnten. Die Kunst wurde ganz deutlich immer mehr zur Kunst, die Einfühlung herbeizuzwingen. Der Gedanke, die Störungen könnten von nicht mehr abstellbaren Veränderungen des Bewußtseins des modernen Menschen herrühren, tauchte nicht auf und war um so weniger zu erwarten, je mehr die Bemühungen zunahmen und aussichtsreich erschienen, welche die Herbeiführung der Einfühlung garantieren sollten. Das andere Verhalten angesichts solcher Unstimmigkeiten wäre gewesen, die Frage aufzuwerfen, ob überhaupt die Herbeiführung der totalen Einfühlung wünschbar war.

Die Theorie des epischen Thaters stellte diese Frage. Es nahm die Störungen ernst, führte sie auf gesellschaftliche Veränderungen historischer Art zurück und bemühte sich, eine Spielweise zu finden, welche auf die totale Einfühlung verzichten konnte. Der Kontakt zwischen Schauspieler und Zuschauer mußte auf eine andere Art zustande gebracht werden als auf die suggestive. Der Zuschauer mußte aus der Hypnose entlassen, der Schauspieler der Aufgabe entbürdet werden, sich total in die darzustellende Figur zu verwandeln. In seine Spielweise mußte, auf irgendeine Art, ein gewisse Distanz zu der darzustellenden Figur eingebaut werden. Er mußte Kritik üben können. Neben dem Handeln seiner Figur mußte sichtbar gemacht werden können ein anderes Handeln, so daß Auswahl und eben Kritik möglich war.

Der Prozeß mußte schmerzhaft sein. Ein riesiger Aufbau von Vorstellungen und Vorurteilen brach zusammen und lag zumindest noch als Schutt der Entwicklung im Weg. Eine nüchterne Betrachtung des Vokabulars des Stanislawskischen Systems förderte seinen mystischen, kultischen Charakter zutage. Die menschliche Seele kam hier nicht viel anders als in jedem beliebigen religiösen System vor, da gab es 'Priestertum' der Kunst. Da gab es eine 'Gemeinde'. Da wurden die Zuschauer 'in Bann gezogen'. 'Das Wort' hatte etwas mystisch Absolutes an sich. Der Schauspieler war 'ein Diener der Kunst', die Wahrheit war ein Fetisch und dabei etwas ganz Allgemeines, Nebuloses, Unpraktisches. Da gab es 'impulsive' Gesten, die einer 'Rechtfertigung' bedurften. Die Fehler, die gemacht wurden, waren eigentlich Sünden, und die Zuschauer hatten ein 'Erlebnis' wie die Jünger Jesu an Pfingsten. ...

Die Bemühung des Schauspielers, sich bis zur Austilgung seiner eigenen Person in die Stückfigur zu verwandeln, theoretisch und mit Exerzitien unterbaut, zuletzt von Stanislawski, dient dazu, die Identifizierung des Zuschauers mit dieser Figur oder die Identifizierung mit der Gegenfigur möglichst restlos herbeizuführen. Selbstverständlich weiß auch Stanislawski, daß von zivilisiertem Theater erst gesprochen werden kann, wenn die Identifizierung nicht restlos ist: Der Zuschauer bleibt sich immer bewußt, daß er im Theater ist. Die Illusion, die er genießt, ist ihm als solche bewußt. Die Ideologie der Tragödie lebt von diesem gewollten Widerspruch. (Der Zuschauer soll Höhen und Tiefen durchlaufen ohne reales Risiko, teilnehmen an Gedanken, Stimmungen, Taten hochgestellter Personen wenigstens im Theater, seine Triebe ausleben im Theater und so weiter.) Auch eine Spielweise, welche die Identifizierung des Zuschauers mit dem Schauspieler nicht anstrebt (und welche wir eine 'epische' nennen), ist ihrerseits nicht interessiert an der völligen Ausschließung der Identifizierung. Es handelt sich nicht um 'reine' Kategorien ... wenn die beiden Spielweisen unterschieden werden sollen. Da es jedoch darauf ankommt, die Unterschiede herauszuarbeiten, ist im folgenden bei der üblichen Spielweise die immer bleibende Reservatio des Zuschauers der Verwandlung gegenüber und bei der epischen Spielweise das bleibende Moment der Verwandlung vernachlässigt. Die Bezeichnung 'restlos' gilt der Tendenz der kritisierenden üblichen Spielweise.

(Brecht 1967c, S. 380 ff.)

'Einfühlung'

Da eben eine Stanislawski-Konferenz vorbereitet wurde, bat B. die Regisseure, Dramaturgen und einige Schauspieler in sein Haus. Er hatte eine Menge Stanislawski-Literatur auf einem Tisch liegen und fragte die Schauspieler aus, was sie von Stanislawski wußten.

Hurwicz:
Ich las sein 'Geheimnis des schauspielerischen Erfolgs', das Buch kam ja nur in der Schweiz heraus und hatte dort diesen - glaube ich - falschen Titel. Vieles kam mir damals etwas verstiegen vor, aber ich fand auch Partien, die mir sogleich als sehr wichtig vorkamen, und einiges darin habe ich jahrelang benutzt. Er spricht davon, daß man sich ganz konkrete Vorstellungen für die Darstellung von Gefühlen verschaffen muß und dazu die Phantasie einschalten soll. Und das ganz privat. Aber Sie sind ja gegen Einfühlung, Brecht.

B.:
Ich? Nein. Ich bin dafür, in einer bestimmten Phase der Proben. Es muß dann nur noch etwas dazukommen, nämlich die Einstellung zur Figur, in die Ihr Euch einfühlt, die gesellschaftliche Einschätzung. ...
Stanislawski spricht unaufhörlich von dem, was er die 'Überaufgabe' eines Stückes nennt, und er befiehlt, alles der Idee unterzuordnen. Ich denke, er betonte die Notwendigkeit der Einfühlung oft nur, weil er die verächtliche Gewohnheit gewisser Schauspieler haßte, sich dem Publikum anzuschmieren, es hereinzulegen und so weiter, anstatt ihre Darstellung auf die Figur, die sie zu spielen hatten, und auf die Idee zu konzentrieren, auf das, was er so streng und ungeduldig die Wahrheit nennt.

Geschonneck:
Volle Einfühlung bei der Aufführung findet ja nie statt. Man hat immerfort das Publikum im Hinterkopf. Zumindest das.

Weigel:

Man spielt doch für die Leute einen Menschen, der anders ist als man selber. Das ist der Vorgang, und warum sollte man sich des Vorgangs nicht bewußt sein? ... Die schönste und tiefste Formulierung der 'Überaufgabe' freilich bleibt, wenn ich Stanislawski richtig deute, auf dem Theater trocken und magisterlich, wenn kein volles, lebendiges, widerspruchsvolles Bild der Wirklichkeit zustande gebracht wird. Das Erbe Stanislawskis ist reich an Winken und Gedanken, Übungen und Verfahren, die diese Aufgabe erleichtern. Klären, reinigen und vervollständigen wir die unseren durch das Studium des großen Erneuerers des Theaters - Stanislawski!

In diesen Tagen fand eine Stanislawski-Konferenz statt, einberufen von der Kunstkommission. Einige der Schauspieler, Dramaturgen und Regisseure beteiligten sich daran; auch B. ging hin, und die Weigel sprach über einiges Methodische, das der Arbeitsweise Stanislawskis und des Berliner Ensembles eigentümlich war. Sie wies übrigens auch auf die Verschiedenheiten hin.

B.:

Unsere Bühnen können von Stanislawski sehr viel lernen. Ohne andere, vielleicht ebenso wichtige Partien seiner Lehre übergehen zu wollen, kann ich gleich einige aufführen, die studiert werden müssen. Da ist die Differenziertheit seiner Aufführungen, die unzählbaren Feinheiten, das Auffangen der Widersprüchlichkeiten in Menschen und Situationen, die künstlerische Natürlichkeit, der unaufhörliche Kampf gegen die Schablone (die zusammen mit der flachen Idealisierung unsere Bühnen heimsucht). Da sind seine Bemühungen, die Phantasie der Schauspieler anzuregen und konkret zu machen. Da sind Übungen, durch die Beobachtung und Wahrnehmung gestärkt werden. Hinweise, wie der Schauspieler sich frei machen kann von störenden Einflüssen aus seinem Privatleben, um sich ganz der Rolle widmen zu können. Hinweise, wie der Schauspieler den Einfühlungsakt in die Figur der Dichtung bewerkstelligen kann.

P.:

Sie wollen also, daß man auch das lernt?

B.:

Auch das, aber nicht nur das. Die Theorie von den physischen Handlungen enthält ebenfalls viel Wissenswertes, wenn ich sie richtig verstehe, nämlich so, daß die Emotionen, Ausbrüche, seelischen Manifestationen im Gefolge der durch die Fabel sich ergebenden Handlungen auftreten müssen und sie nicht stören dürfen. ...

P.:
Auf der Stanislawski-Konferenz hat die Weigel auf einige Ähnlichkeiten hingewiesen, die zwischen Stanislawski und Ihren Forderungen an die Schauspieler bestehen. Worin sehen Sie die Unterschiede?

B.:
Die Unterschiede beginnen auf einer ziemlich hohen Stufe der realistischen Menschendarstellung durch den Schauspieler. Es handelt sich darum, wie das Bewußtsein des Schauspielers beschaffen sein soll während seines Spiels, was es enthalten soll, was darin vorgehen soll. Wie ich es sehe, gibt Stanislawski eine Reihe von Verfahren an, durch die der Schauspieler sein eigenes Bewußtsein ausschalten und durch das des von ihm gespielten Menschen ersetzen kann. So wenigstens wird das System von den Leuten verstanden, die das 'Kleine Organon' angreifen. Im 'Kleinen Organon' wird nämlich eine Darstellungsweise beschrieben, bei welcher es zum völligen Aufgehen in der Rolle nicht kommt, und es werden die Gründe dargelegt, warum es nicht dazu kommen soll.

P.:
Wird nach Ihrer Meinung Stanislawski richtig verstanden?

B.:
Das kann ich, offen gestanden, nicht recht beurteilen. Es sind wenige Werke Stanislawskis veröffentlicht, und seine Lehre hat wohl auch in den vier Jahrzehnten seiner Theaterarbeit bedeutende Wandlungen durchgemacht, wie die paar Bücher, die bei uns von Schülern veröffentlicht sind, zeigen. Zumindest ein wichtiger Bestandteil seiner Theorie, nämlich das, was er die 'Überaufgabe' nennt, scheint darauf hinzuweisen, daß er sich des Problems, das im 'Kleinen Organon" behandelt wird, bewußt war. Der Schauspieler steht ja tatsächlich auf der Bühne als Schauspieler und als Stückfigur zugleich, und dieser Widerspruch muß sich in seinem Bewußtsein vorfinden; er macht die Gestalt recht eigentlich lebendig. Das wird jeder Dialektiker verstehen. Stanislawskis Überaufgabe erfüllend, vertritt der Schauspieler ebenso tatsächlich die Gesellschaft gegenüber seiner Figur, auch bei Stanislawski.

P.:

Aber wie konnte es dann zu einer solchen Simplifizierung des Systems kommen, daß man behauptet, Stanislawski glaube an eine mystische Verwandlung auf der Bühne?

B.:

Wie konnte es zu einer solchen Simplifizierung des 'Kleinen Organon' kommen, daß man behauptet, es fordere blasse Retortengeschöpfe auf der Bühne, schematische Gehirngeburten? Wo doch jedermann sich überzeugen kann, daß Puntila und die Courage auf der Bühne des Berliner Ensembles saftige und von Vitalität strotzende Menschen sind? - Bei Stanislawski entstand der falsche Eindruck vermutlich, weil er eine Schauspielkunst vorfand, die nach großen Höhepunkten zur Herstellung von Schablonen herabgesunken war, besonders bei den mittleren Schauspielern. So mußte er alles unterstreichen, was zur Schaffung runder, widerspruchsvoller, realer Menschen führte.

P.:

Und wie ist es mit dem 'Kleinen Organon'?

B.:

Es versucht, Parteilichkeit bei der Darstellung von Menschen auf der Bühne durchzusetzen. Aber natürlich von Menschen, runden, widerspruchsvollen, realen Menschen.

P.:

So halten Sie den Unterschied für gering?

B.:

Keineswegs. Meine bisherigen Feststellungen bezwecken nur, die Vulgarisierung des Problems zu verhindern und zu zeigen, an was für einem vorgeschobenen Punkt realistischer Darstellung die Unterschiede auftreten. ...

P.:

Sie haben neulich übereinstimmende Züge Ihrer Arbeitsweise mit der Stanislawskis erwähnt. Wie ist es mit den Zügen, die nicht übereinstimmen?

B.:

Es ist verhältnismäßig leichter, die übereinstimmenden zu nennen als die nicht übereinstimmenden, da es sich bei den beiden Systemen - nennen wir die beiden Arbeitsweisen im folgenden so, damit bei jedem der innere Zusammenhang der einzelnen Elemente gefaßt wird - um Systeme handelt, die eigentlich verschiedene Ausgangspunkte und verschiedene Fragen betreffen. Man kann sie so nicht einfach 'in Deckung bringen' wie Vielecke, damit man sieht, worin sie abweichen.

P.:
Betrifft Ihr 'System' nicht die Arbeitsweise des Schauspielers?

B.:
Nicht hauptsächlich, nicht als Ausgangspunkt, Stanislawski ist inszenierend hauptsächlich Schauspieler, ich bin inszenierend hauptsächlich Stückschreiber.

P.:
Aber Stanislawski unterstellt den Schauspieler doch auch dem Stückschreiber.

B.:
So ist es. Aber er geht vom Schauspieler aus. Für ihn erfindet er Studium und Exerzitien, ihm verhilft er zur Gestaltung echter Menschen. Andererseits können sie auch von mir hören, daß alles auf den Schauspieler ankommt, aber ich gehe doch ganz vom Stück aus, seinen Bedürfnissen und Ansprüchen.

P.:
Das Theater hat also zwei verschiedene Systeme vor sich mit verschiedenen, sich überschneidenden Aufgabenkreisen?

B.:
Ja.

P.:
Könnten diese System sich Ihrer Meinung nach ergänzen?

B.:
Ich meine: ja, aber ich will es, bis wir das Stanislawski-System besser kennen, vorsichtig ausdrücken. Dieses System benötigt meiner Meinung nach auf jeden Fall noch ein System, das den Aufgabenkreis aus meinem bedient. Theoretisch genommen könnte es vielleicht aus dem Stanislawskischen gewonnen werden. Ich weiß natürlich nicht, ob das so Gewonnene dann dem meinen gliche.

P.:

Vielleicht können Sie besser darüber Auskunft geben, ob der Schauspieler für Ihre Arbeitsweise etwas aus der Stanislawskischen gewinnt?

B.:

Das glaube ich.

P.:

Er benötigt aber vielleicht noch anderes, das er dem Stanislawskischen System nicht ohne weiteres entnehmen kann?

B.:

Das ist anzunehmen.

P.:

Nehmen wir die Frage Parteinahme - Rechtfertigung.

B.:

Vom Standpunkt des Stückschreibers aus ist dieser Widerspruch ein dialektischer. Als Stückschreiber brauche ich die Fähigkeit des Schauspielers zu völliger Einfühlung und restloser Verwandlung, die Stanislawski wohl als erster systematisch faßt, aber auch und vor allem den Abstand von der Figur, den der Schauspieler als Vertreter der Gesellschaft (ihres fortschrittlichen Teils) zu erarbeiten hat.

(Brecht 1967d, S. 842 ff.)

Auch Stanislawski hat den Abstand zwischen Schauspieler und Figur ausdrücklich betont: 'Im Augenblick seiner schöpferischen Arbeit spaltet sich der Schauspieler gleichsam auf. ... Diese Spaltung ist kein Hindernis für die Begeisterung. Ganz im Gegenteil! Das eine hilft dem anderen! ... Erinnern Sie sich noch, wie ich ganz zu Beginn ... von den zwei parallel zueinanderlaufenden Perspektiven sprach? Die eine ist die Perspektive der Rolle, die andere ist die Perspektive des Schauspielers, seines Lebens auf der Bühne und seiner Psychotechnik beim Spielen. ... Es gibt überhaupt kein Spiel, keine Handlung, keine Bewegung, keinen Gedanken, kein Sprechen, kein Wort, keine Empfindung ohne die entsprechende Perspektive. Erst wenn der Schauspieler seine Rolle in ihrer Gesamtheit durchdacht, analysiert und durchlebt hat und sich vor ihm eine klare, lockende Perspektive eröffnet, gewinnt sein Spiel die nötige Übersicht.' (Verkörpern, S. 108 ff.)

Stanislawski lehnt es allerdings strikt ab, daß der Schauspieler seinen Standpunkt gegenüber der Figur im Spiel deutlich macht. Sein Schüler Gortschakow hat folgenden Dialog aufgezeichnet: Ein Schauspieler: 'Es wird jetzt überall sehr viel davon gesprochen, daß der Schauspieler, während er spielt, dem Zuschauer seine Einstellung zu der Gestalt zeigen soll.' Darauf Stanislawski: 'Ein äußerst schädlicher Irrtum, der Hunderte von Schauspielern verderben kann. Man soll nicht die Einstellung zur Gestalt suchen, sondern sich, im Gegenteil, bemühen, sie bis ins Innerste zu begreifen und in sie einzudringen, um den richtigen Weg einer möglichst vollkommenen Verwandlung zu finden.' (Gortschakow 1963, S. 558) Daß dabei ein gewisses Kontrollbewußtsein eingeschaltet bleibt, war Stanislawski selbstverständlich klar. Ebenso wie Brecht forderte er lediglich eine tendenzielle Verwandlung des Schauspielers in die Rollenfigur. Er berücksichtigte also durchaus jene Grunderkenntnis, daß schauspielerisches Verhalten prinzipiell immer doppelschichtig ist. Einerseits versucht der Akteur analog zu seinem Vorstellungsbild der Figur zu denken, zu fühlen und zu handeln, andererseits hört er nie auf, sich dabei wahrzunehmen, sein Handeln zu kontrollieren und zu regulieren. Brecht hat diesen Sachverhalt in seiner Spätphase als dialektische Relation beschrieben: 'Der Widerspruch zwischen Spielen (Demonstrieren) und Erleben (Einfühlen) wird von ungeschulten Köpfen so aufgefaßt, als trete in der Arbeit des Schauspielers nur das eine oder andere auf. ... In Wirklichkeit handelt es sich natürlich um zwei einander feindliche Vorgänge, die sich in der Arbeit des Schauspielers vereinigen (das Auftreten enthält nicht nur ein bißchen von dem und ein bißchen von jenem). Aus dem Kampf und der Spannung der beiden Gegensätze, wie aus ihrer Tiefe, zieht der Schauspieler seine eigentlichen Wirkungen.' In jener 'wirklich zerreißenden Widersprüchlichkeit zwischen Erleben und Darstellen, Einfühlen und Zeigen, Rechtfertigen und Kritisieren' ist bei Brecht die 'kritische Seite' die führende, bei Stanislawski dagegen die 'erlebende'. (Brecht 1967b, S. 702 ff.)

Quellen

Konstantin S. Stanislawski:

Leben in der Kunst	Mein Leben in der Kunst, Berlin (West) 1987
Erleben	Die Arbeit des Schauspielers an sich selbst, Teil I: Die Arbeit an sich selbst im schöpferischen Prozeß des Erlebens, Berlin (West) 1981
Verkörpern	Die Arbeit des Schauspielers an sich selbst, Teil II: Die Arbeit an sich selbst im schöpferischen Prozeß des Verkörperns, Berlin (West) 1981
Rolle	Die Arbeit des Schauspielers an der Rolle, Berlin (West) 1981
Künstlertheater	Moskauer Künstlertheater - Ausgewählte Schriften., Bd. 1, Berlin (West) 1988
Künstlertheater II	Moskauer Künstlertheater - Ausgewählte Schriften, Bd. 2, Berlin (West) 1988
Briefe	Briefe, Berlin (DDR) 1975

Andere Quellen:

Bertolt Brecht, 1967a: Der Messingkauf (in: Gesammelte Werke, Frankfurt/Main, Bd. 16, Seite 499 ff.)

Bertolt Brecht, 1967b: Kleines Organon für das Theater (in: Gesammelte Werke, Frankfurt/Main, Bd. 16, Seite 661 ff.)

Bertolt Brecht, 1967c: Über das Stanislawski-System (in: Gesammelte Werke, Frankfurt/Main, Bd. 15, Seite 380 ff.)

Bertolt Brecht, 1967d: Stanislawski-Studien (in: Gesammelte Werke, Frankfurt/Main, Bd. 16, Seite 841 ff.)

Joachim Fiebach, 1975:   Von Craig bis Brecht - Studien zu Künstlertheorien in der ersten Hälfte des 20. Jahrhunderts, Berlin (DDR)

Dieter Hoffmeier, 1981:   Das literarische Spätwerk Stanislawskis (in: Stanislawski, Die Arbeit des Schauspielers an der Rolle, Berlin [West] 1981, S. 173 ff.)

Siegfried Melchinger, 1968   Tschechow (Friedrichs Dramatiker des Welttheaters Bd. 57), Velber bei Hannover

Jürgen Rühle, 1963:   Theater und Revolution - Von Gorki bis Brecht, München

Schauspielhaus Bochum (Hg.), 1978:   Lee Strasberg Schauspiel-Seminar, Bochum

Lee Strasberg: Schauspielen und das Training des Schauspielers - Beiträge zur "Method", Berlin (West) o. J.

Lee Strasberg, 1988:   Ein Traum der Leidenschaft - Entwicklung der "Methode", München

Weiterführende Literatur

Michail A. Cechov:	Die Kunst des Schauspielers, Stuttgart 1990
Gert Ebert/Rudolf Penka (Hg-):	Schauspielen - Handbuch der Schauspieler-Ausbildung, Berlin (DDR) 1981
Nicolai M. Gortschkow:	Regie - Unterricht bei Stanislawski, Berlin (DDR) 1963
Dieter Hoffmeier:	Über den Zugang Brechts zum Werk Stanislawskis (in: TheaterZeitSchrift, Heft 31-32/1992, Seite 127 ff.)
Jakob Jenisch:	Stanislawski I - Die zerstückelte Methode (in: Die Deutsche Bühne, Heft 2/1989, Seite 44 ff.)
Jakob Jenisch:	Stanislawski II - Suche nach der wahren Methode (in: Die Deutsche Bühne, Heft 3/1989, Seite 41 ff.)
Jokob Jenisch:	Stanislawski III - Ein neuer "Messingkauf" (in: Die Deutsche Bühne, Heft 3/1989, Seite 41 ff.)
Peter Lackner:	Schauspielerausbildung an den öffentlichen Theaterschulen der Bundesrepublik Deutschland, Frankfurt/Main, Bern, New York 1985
Selena I. Poljakowa:	Stanislawski - Leben und Werk des großen Theaterregisseurs, Bonn 1981
Schaubühne am Lehniner Platz (Hg.):	Anton Pawlowitsch Tschechow und das Ensemble Konstantin Sergejewitsch Stanislawskis, Berlin (West) 1984
Peter Simhandl:	Konzeptionelle Grundlagen des heutigen Theaters, Berlin (West) 1985
Jewgeni B. Wachtangow:	Aufzeichnungen - Briefe - Protokolle - Notate, Berlin (DDR) 1982

Nachweise

Die in den Kapiteln 3 bis 12 wiedergegebenen Originaltexte *Stanislawskis* (Einzelnachweise vgl. S. 167) stammen aus den Werken

"Die Arbeit des Schauspielers an sich selbst", Bd. 1/2;
© Henschelverlag, Kunst und Gesellschaft, DDR-Berlin 1961

"Die Arbeit des Schauspielers an der Rolle"
© Henschelverlag, Kunst und Gesellschaft, DDR-Berlin 1955

"Moskauer Künstlertheater..."
© Henschelverlag, Kunst und Gesellschaft, DDR-Berlin 1988.

Die in Kapitel 14 zitierten Textpassagen von *Lee Strasberg* entstammen dem Band

"Ein Traum der Leidenschaft - Die Entwicklung der Methode"
© 1989 by Schirmer/Mosel, München.

Die Originalzitate *Bertolt Brechts* in Kapitel 15 stammen aus der Ausgabe

Gesammelte Werke; Band 15, Schriften zum Theater I, und Band 16, Schriften zum Theater II
© Suhrkamp Verlag Frankfurt am Main 1967.

Der Abdruck erfolgte mit freundlicher Genehmigung der genannten Verlage.

Ebenfalls in der Reihe *sigma medienwissenschaft*
- *eine Auswahl* -
Theater- und Mediengeschichte

Marta Mierendorff, Walter Wicclair
Im Rampenlicht der "dunklen Jahre"
Aufsätze zum Theater im "Dritten Reich", Exil und Nachkrieg. Herausgegeben von Helmut G. Asper

Die Kunstsoziologin M. Mierendorff (Jg. 1911) und der Regisseur W. Wicclair (Jg. 1901) - beide Verfolgte des Nazi-Regimes - haben sich namentlich in den 60er und 70er Jahren mit großem Mut und Engagement bemüht, die Forschung über das Exiltheater und das Theater im faschistischen Deutschland nicht nur voranzubringen, sondern auch praktisch werden zu lassen. Sie hofften, Aufklärung über die "Belasteten" und bessere Kenntnis über die Bedingungen der Emigration würden zu einem geläuterten, demokratisch verfaßten Theater in der Bundesrepublik beitragen - eine trügerische Hoffnung, wie sich herausstellte. Die rege Publikations- und Vortragstätigkeit der beiden Antifaschisten wurde mit heftigen Anfeindungen beantwortet; Mierendorff und Wicclair emigrierten enttäuscht in die USA. - Helmut G. Asper hat die Texte sorgfältig ediert und mit Anmerkungen zum Verständnis aus heutiger Sicht versehen. Michael Töteberg hat zusätzlich eine Analyse der 'Vergangenheitsbewältigung' in neueren Schauspieler-Memoiren beigesteuert, die aktuelle Bezüge deutlich werden läßt.
1989   153 S.   ISBN 3-924859-92-2   DM 29,80

Helmut Peitsch
"Deutschlands Gedächtnis an seine dunkelste Zeit"
Zur Funktion der Autobiographik in den Westzonen Deutschlands 1945-1949

Mehr als 200 autobiographische Veröffentlichungen thematisierten zwischen 1945 und 1949 die Erfahrung des Faschismus. Der Autor analysiert die Erlebnisberichte, Tagebücher, Briefsammlungen, Memoiren, Autobiographien und verfolgt, wie die Widerstandskämpfer und Opfer verstummen, zunächst die Inneren Emigranten das Wort übernehmen und schließlich Mitläufer und Hauptschuldige die Deutungsmuster bereitstellen. Dabei entsteht ein differenziertes Bild der literarischen Transformation von Antifaschismus in Antitotalitarismus.
1990   484 S.   ISBN 3-924859-94-9   DM 96,00

Rainer Bohn, Knut Hickethier, Eggo Müller (Hg.)
Mauer-Show
Das Ende der DDR, die deutsche Einheit und die Medien

Die Veränderungen in der DDR vor und nach dem November 1989 waren nicht nur Gegenstand der Medienberichterstattung, die Medien haben auch unmittelbar Einfluß auf den Gang der Dinge zu nehmen versucht - und sie sind, mit weitreichenden Folgen, selbst in den Sog der Umgestaltung geraten. Expert/inn/en aus Ost und West versuchen in diesem Band, das Wechselverhältnis von Politik, Zeitgeschichte und Medien theoretisch zu erfassen und die Veränderungen zu bilanzieren, die die deutsche Vereinigung im Mediensystem hinterlassen hat. Der Vielfalt der Themen, die dabei zur Sprache kommen, entspricht die Variationsbreite von Methoden, Ansätzen und Schreibhaltungen. Die literaturwissenschaftliche Analyse von Dokumenten deutscher Schriftsteller zur (Wi[e]der-)Vereinigungsthematik steht neben der Polemik über die Medieneignung von West- und die Untauglichkeit von Ost-Politikern; sprach- und kulturwissenschaftliche Untersuchungen zur Symbolik des politischen Diskurses finden sich neben medienhistorischen Arbeiten zum TV-Programm und filmanalytischen Beiträgen etwa zum Dokumentarfilm.
1992   293 S.   ISBN 3-89404-905-7   DM 32,00

Medienwissenschaft und ästhetische Theorie

Rainer Bohn, Eggo Müller, Rainer Ruppert (Hg.)
Ansichten einer künftigen Medienwissenschaft

Mit der praktischen Entwicklung der Medienwissenschaft in den letzten Jahren hielt die wissenschaftstheoretische, -systematische und methodologische Diskussion nicht in allen Punkten Schritt. Dieser Sammelband macht es sich zur Aufgabe, die Selbstreflexion des begrifflichen und methodischen Inventars von Medienwissenschaft zu resümieren, auf offene Fragen hinzuweisen und Perspektiven der Entwicklung des Fachs zu umreißen. In 15 Beiträgen werden Positionsbestimmungen, Methodenüberblicke und exemplarische Forschungsstrategien vorgetragen.
1988   285 S.   ISBN 3-924859-90-6   DM 36,00

Jost Hermand
Im Wettlauf mit der Zeit
Anstöße zu einer ökologiebewußten Ästhetik

Ökologisches Bewußtsein durchdringt immer weitere Bereiche des gesellschaftlichen Lebens; in der Literatur- und Medienwissenschaft hat es sich - bei aller Methodenvielfalt - allerdings noch keinen eigenständigen Rang erobert. Jost Hermand unternimmt in diesem Band einen Vorstoß, Literatur und Kunst unter ökologischen Gesichtspunkten zu interpretieren. In zahlreichen Einzeluntersuchungen aus verschiedenen Epochen zeigt er Wege zu einer ökologiebewußten Ästhetik auf.
1991   225 S.   ISBN 3-89404-904-9   DM 29,80

Peter Bickel
Musik aus der Maschine
Computervermittelte Musik zwischen synthetischer Produktion und Reproduktion

Bei der Produktion populärer Musik kommt die Universalmaschine Computer in einer Dimension zum Einsatz, die sämtliche Stränge musikalischen Schaffens nachhaltig erschüttert und verändert hat. Dieses Buch beschreibt aus der praktischen Sicht eines Musikers und Musikkritikers die produktionstechnischen und ästhetischen Veränderungen und reflektiert die Folgen vor dem Hintergrund der Aura-, Werk- und Autor-Kategorien Benjamins sowie der aktuellen kultur- und ästhetiktheoretischen Debatten.
1992   148 S.   ISBN 3-89404-908-1   DM 32,80

Fernsehen

Knut Hickethier, Irmela Schneider (Hg.)
Fernsehtheorien
Dokumentation der GFF-Tagung 1990

Seit Mitte der siebziger Jahre hat es im deutschsprachigen Bereich keine Versuche mehr gegeben, das Medium Fernsehen in umfassender Weise theoretisch zu beschreiben und zu erklären. Der politökonomische wie der auf einen kritischen Rezipienten zielende Ansatz scheinen der aktuellen Form des Phänomens Fernsehen heute auch nicht mehr adäquat zu sein. Die Aufsätze in diesem Band bemühen sich um eine Neubestimmung übergreifender Theoriekonzepte für das Medium Fernsehen; überdies widmen sich die Beiträge den Veränderungen, denen das Medium aufgrund neuer politischer Konstellationen und durch technische Weiterentwicklungen unterworfen ist.
1992   281 S.   ISBN 3-89404-902-2   DM 39,00

Sie möchten mehr wissen über die Reihe *sigma medienwissenschaft?* Der Verlag informiert Sie gern. Natürlich unverbindlich und kostenlos.

edition sigma   Heimstr. 14   D-1000 Berlin 61   Tel. 030/693 4 396